Sonderpublikation der GTZ, Nr. 217

Bewässerung im Sahel
Eine kommentierte Literaturübersicht

Bewässerung im Sahel

Eine kommentierte Literaturübersicht

Klaus Urban

Eschborn 1988

CIP-Titelaufnahme der Deutschen Bibliothek

> **Urban, Klaus:**
> Bewässerung im Sahel: eine kommentierte Literaturübersicht;
> <Sonderpubl. 217> / Klaus Urban
> <Hrsg: Dt. Ges. für Techn. Zusammenarbeit (GTZ) GmbH. Fachbereich
> „Bewässerung u. Kulturtechnik">. – Rossdorf: TZ-Verl. Ges., 1988
> – ISBN 3-88085-371-1
> NE: HST

Herausgeber:	Deutsche Gesellschaft für Technische Zusammenarbeit
(GTZ) GmbH
Fachbereich „Bewässerung und Kulturtechnik"
Dag-Hammarskjöld-Weg 1+2, Postfach 5180,
D-6236 Eschborn

Druck:	typo-druck-rossdorf, Bruchwiesenweg 19,
D-6101 Roßdorf

Gesamtherstellung
und Vertrieb:	TZ-Verlagsgesellschaft mbH, Postfach 1164,
D-6101 Roßdorf

ISBN 3-88085-371-1
ISSN 0930-1070

I/8890/1

Printed in Germany

Alle Rechte der Verbreitung einschließlich Film, Funk und Fernsehen sowie der Fotokopie und des auszugsweisen Nachdrucks sowie Speicherung auf Datenträgern vorbehalten.

Vorwort

Nach den erneuten Dürreereignissen zu Beginn der 80'er Jahre wurde die bereits in den 70er Jahren geführte Diskussion über Bewässerung in Afrika mit besonderer Heftigkeit wieder aufgenommen. Auf internationaler Ebene wurden vermehrt Anstrengungen unternommen, Erfahrungen mit der Bewässerung in Afrika auszuwerten und die Ergebnisse in neuere Strategieüberlegungen einfliessen zu lassen. An der Debatte beteiligten sich sowohl Forschungsinstitute zahlreicher Universitäten als auch Organisationen der Entwicklungszusammenarbeit wie FAO, Club du Sahel, USAID u.a., die mittlerweile über Projektevaluierungen hinaus eine Reihe von wissenschaftlichen Untersuchungen zu speziellen Fragen der Bewässerung in Afrika veranlaßt und gefördert haben. Bedauerlicherweise ist der weitaus größte Teil der in den letzten Jahren publizierten einschlägigen Literatur derzeit in der Bundesrepublik nicht bekannt. Dies gilt insbesondere auch für Publikationen mit dem Schwerpunkt „Sahel". Diesen Mangel zu beheben und zumindest einen Teil dieser Literatur zusammenzutragen und damit sowohl GTZ-internen als auch externen Stellen in der Bundesrepublik zugänglich zu machen, ist Ziel der nachfolgenden Bibliographie und Literaturübersicht.

Die vorliegende kommentierte Literaturübersicht ergänzt gleichzeitig die Arbeiten des Fachbereichs „Bewässerung und Kulturtechnik" der GTZ zum „Management von Bewässerungssystemen". Indem bislang vernachlässigten Parametern aus dem sozioökonomischen und organisatorischen Umfeld der Bewässerung ein größeres Gewicht eingeräumt wird, leistet sie einen Beitrag zur Verbreiterung der Datenbasis, auf deren Grundlage die Diskussion über eine integrierte und fachübergreifende Konzeption des Managements von Bewässerungssystemen stattfindet. Darüber hinaus verspricht die Auswertung des Materials wichtige Hinweise und Denkanstöße für Projektstrategien der GTZ als auch anderer im Bewässerungssektor tätiger Organisationen.

Juni 1988
GTZ, Fachbereich „Bewässerung und Kulturtechnik"

Gliederung

	Seite
Vorwort	5
Danksagungen	9
Einleitung	11
1. Ergebnisse der Literaturübersicht	13
2. Literaturübersicht nach Schwerpunkten	17
2.1 Strategie der Bewässerung im Sahel	17
2.2 Politische und sozio-ökonomische Rahmenbedingungen sowie Auswirkungen der Bewässerungsprojekte im Sahel	20
2.3 Management und Organisation	22
2.4 Umweltauswirkungen der Bewässerung	25
2.5 „Small-Scale" — Technologien	25
3. Zusammenfassende Wertung der Literaturlage	29
4. Annotierte Bibliographie	31
5. Nicht-annotierte Bibliographie	53
Anhang 1 Liste der besuchten Einrichtungen	71
Anhang 2 Verzeichnis der verwendeten Abkürzungen	73
Autorenindex	75

Danksagungen

Für die freundliche Unterstützung bei der Literatursuche bedankt sich der Autor sehr herzlich bei den Mitarbeitern der besuchten Bibliotheken und Dokumentationszentren (BDPA, CEDID, GRET, FAO-Documentation Center); ganz besonders bei Mme Françoise Beudot (Antenne Documentation Sahel, Paris) und Christine Duchamp (Documentation Départment Systèmes Agraires, Montpellier).

Von großer Hilfe waren auch die vielen Hinweise, die der Autor von den mit dem Thema befaßten ausländischen Experten erhielt, insbesondere von Philippe Jouve (CIRAD), Jean-Claude Legoupil (IRAT), Michael Fitzpatrick, Lucien Vermeiren und Pieter J. Dieleman (FAO), Philippe Bonnefond (ORSTOM), Hendrik Jorritsma (Club du Sahel), Jacques Aviron-Violet (Min. de Agriculture) und Jean Jaujay (Caisse Centrale). Ihnen allen sei an dieser Stelle ebenfalls sehr herzlich gedankt.

Einen besonderen Dank an Walter Huppert vom Fachbereich „Bewässerung und Kulturtechnik" der GTZ. Von ihm stammt die Idee für die vorliegende Arbeit, er ermöglichte die Durchführung und betreute ihren Fortgang inhaltlich wie organisatorisch. Auch Christian Hagen sei für seine inhaltliche und organisatorische Unterstützung bei der Fertigstellung der Arbeit gedankt; ebenso Klaus Bodemer für die Durchsicht des Manuskripts und hilfreiche Anregungen.

Klaus Urban
Wiesbaden

Einleitung

Die vorliegende Bibliographie und Literaturübersicht ist das Ergebnis einer 6wöchigen Literatursuche in Paris, Montpellier und Rom, die in den Monaten März und April des Jahres 1987 durchgeführt wurde.

Der zeitliche Rahmen des Vorhabens (insgesamt 3 Monate) machte eine Eingrenzung der Recherchen in dreifacher Hinsicht erforderlich:

(1) eine **regionale Eingrenzung** auf die sechs frankophonen Länder des Sahel-Raumes: Mali, Mauretanien, Senegal, Niger, Burkina-Faso und Tschad

(2) eine **inhaltliche Eingrenzung** auf Fragen:
   1. der Strategie der Bewässerung im Sahel
   2. der sozio-ökonomischen und politischen Rahmenbedingungen sowie der Auswirkungen von Bewässerungsprojekten
   3. des Managements und der Organisation
   4. der Umweltauswirkungen der Bewässerung
   5. neuer „small-scale" — Technologien

(3) schließlich eine **räumliche Eingrenzung** auf Publikationen im europäischen Raum

Die Beschränkung auf den 'Sahel-Raum' erfolgte aufgrund der Bedeutung, die der Bewässerung gerade in dieser von der Dürre besonders betroffenen Region zunehmend beigemessen wird.

Von besonderem Interesse war hierbei auch die Frage, wie die spezifischen Probleme bei der „Einführung der Bewässerung" von der mit modernen Bewässerungsmethoden wenig vertrauten Landbevölkerung bewältigt wurden.

Die inhaltliche Schwerpunktsetzung vor allem auf Literatur zu sozioökonomischen und organisatorischen Fragen deckt sich weitgehend mit der Mängelanalyse der (vorgefundenen) Strategiepapiere der internationalen Organisationen, die die Probleme der Bewässerung vorrangig in diesen Bereichen ansiedeln.

Die Literatursuche selbst konzentrierte sich, abgesehen von einem Besuch der FAO in Rom, in erster Linie auf französische Bibliotheken, Forschungseinrichtungen und Ministerien (vgl. Auflistung der besuchten Einrichtungen im Anhang). Der frankophone Sahelraum ist nicht nur eine Domäne der französischen Entwicklungspolitik (vor allem auch im Bewässerungssektor), sondern auch französischer Forschungsinstitute und Universitäten. Die Literatur anderer europäischer und außereuropäischer Forschungseinrichtungen und Organisationen konnte im Rahmen dieses Vorhabens nicht systematisch gesichtet werden. Soweit sie allerdings in den besuchten Bibliotheken, insbesondere in der Spezialbibliothek „Antenne Sahel" der OECD in Paris, vorhanden war, wurde sie berücksichtigt.

Der nachfolgende Bericht gliedert sich in eine Literaturübersicht und zwei Bibliographien. Die erste Bibliographie ist annotiert und stellt diejenigen Dokumente genauer vor, die hinsichtlich der gewählten inhaltlichen Schwerpunktsetzung als besonders relevant eingeschätzt wurden. Die zweite Bibliographie enthält nur vereinzelt (kurze) Annotationen. Aufgenommen wurden hier Publikationen, die entweder in der getroffenen Auswahl als weniger bedeutend erachtet wurden oder aber aufgrund des Zeitlimits nicht eingesehen werden konnten. Aus dem gleichen Grund erhebt die Bibliographie insgesamt keinen Anspruch auf Vollständigkeit. Aufgenommen wurde sowohl die neuere publizierte Literatur als auch sog. „graue Literatur" der öffentlichen Organisationen und Ministerien, die vor allem in den letzten 3 — 4 Jahren erheblich an Umfang zunahm. Wenn möglich, wurden die Literaturangaben mit einem Schlüssel (vgl. Anhang) versehen, der die Identifizierung des „Fundorts" (Bibliothek, Ministerium etc.) ermöglichen soll.

Aufgrund der Fülle der neueren Literatur wurde Wert darauf gelegt, vor allem die in den 80er Jahren erschienene Literatur zu erfassen. Allerdings wurden ältere Publikationen (aus den 70er Jahren) dann aufgenommen, wenn es sich um wichtige Publikationen zu ansonsten vernachlässigten Einzelfragen handelte. Die nicht-annotierte Bibliographie enthält demgegenüber eine größere Anzahl „älterer Literatur" sowie Publikationen, die nicht direkt den Themenschwerpunkten der einzelnen Kapitel zuzuordnen waren.

1. Ergebnisse der Literaturübersicht

Zahlreiche Studien wurden in den letzten Jahren von den internationalen Organisationen zur **Strategie** der Bewässerung erstellt: bisherige Erfahrungen wurden aufgearbeitet, Fehler identifiziert und neue strategische Konzepte entworfen. Die Studien kritisieren häufig die hohen Kosten der staatlichen Projekte. Sie führen diese einerseits auf eine ungenügende Datenbasis der Feasabilitystudien zurück, andererseits auf eine Unterschätzung sowohl der zur Durchführung der Bauvorhaben erforderlichen Zeit als auch der Folgekosten (für Betrieb und Instandhaltung). Für die niedrigen Erträge in den einzelnen Vorhaben werden vor allem zwei Faktoren verantwortlich gemacht: 1. Probleme bei der **Organisation der Bewässerung** (insbesondere bei der Sicherung von Betrieb und Instandhaltung) und 2. die **geringe Erfahrung** der Bauern mit den erforderlichen Techniken (vgl. u.a. Club du Sahel 1980 (1), USAID 1985 (2), FAO 1986 (3) und FAO 1987 (4)). Darüberhinaus befaßten sich in der jüngsten Zeit verschiedene Seminare und Kolloquien (s. Conac et.al. (20); DSA/CIRAD (6), FAO 1987 (4)) mit bislang vernachlässigten Problemen der Bewässerung in Afrika. Insbesondere wurden hier **sozio-ökonomische und institutionelle Fragestellungen** erörtert und in einen multidisziplinären Zusammenhang gestellt. U.a. wurden folgende Schwachstellen der staatlichen Bewässerungsvorhaben identifiziert:

1. Den Regierungen gelang es häufig nicht, die Bauern über eine entsprechende Steuerung der Agrarpreise zu motivieren, ihre Arbeitskraft intensiver auf den bewässerten Flächen einzusetzen. Zur Sicherung ihrer Ernährung sahen sich die Bauern vielmehr gezwungen, ihre Aktivitäten auf andere Erwerbszweige zu verlagern. Dies verhinderte, daß die erwarteten Produktionsziele in den Projekten erreicht wurden (vgl. insbesondere FAO 1987 (4)).

2. Die Regierungen versuchten in der Regel, Landrechte und Landnutzungsformen den Erfordernissen der modernen Bewässerungslandwirtschaft anzupassen. Hierbei stießen sie auf traditionelle Strukturen, die sich als wenig flexibel erwiesen und die Durchführung der Projekte behinderten (vgl. u.a. Berthomé (26), Jamin/Tourand (27)).

Allerdings finden sich auch Beispiele, in denen die Reorganisation der Bewässerungsgebiete gerade unter Berücksichtigung der traditionellen Landrechte bzw. unter Beteiligung der betroffenen Bevölkerung durchgeführt wurde (vgl. u.a. Mathieu (28) und Seck (32)). Die Ergebnisse werden hier im allgemeinen positiv eingeschätzt.

Eine Vielzahl von Studien diskutiert die **Übertragung von Managementfunktionen an Organisationen der Wassernutzer** an Fallbeispielen. Auch hierbei hat es sich bewährt, die lokalen Machtverhältnisse zu berücksichtigen und vorhandene Organisationsprinzipien in neue Konzepte aufzunehmen. In der Praxis erwies sich allerdings die Übernahme von Verantwortlichkeiten durch die Wassernutzer als wesentlich schwieriger und langwieriger als ursprünglich angenommen. Hierzu trug auch die mangelnde Bereitschaft der staatlichen Bewässerungsbehörden selbst bei, Aufgabenbereiche abzugeben (vgl. Bailhache (38), Amselle (39)).

Ungeachtet der Probleme, wird der Bewässerung im Sahel — aufgrund der begrenzten Möglichkeiten des Regenfeldbaus — auch in Zukunft besondere Bedeutung zukommen. Dabei besteht weitgehend Konsens darüber, daß neue Großvorhaben, wenn überhaupt, nur in geringerem Umfang gefördert werden sollen. Demgegenüber liegt die Priorität in den kommenden Jahren erstens auf der Rehabilitierung bestehender Projekte und zweitens auf der Durchführung von Kleinbewässerungsvorhaben.

Die **Rehabilitation existierender Projekte** umfaßt neben Ausbau und Instandsetzung der Infrastruktur auch eine Reorganisation der Bewässerungsflächen und des Managements. Die Literatur betont, daß Rehabilitierung solange nicht erfolgreich sein kann, wie die Gründe für die 'maintenance crisis' empirisch nicht erforscht worden sind. Hier wird auf die Notwendigkeit zusätzlicher Studien hingewiesen (USAID 1984 (11), 1985 (2)). Es wird weiterhin empfohlen, Großvorhaben in kleinere Einheiten aufzuteilen und deren Betrieb und Unterhaltung den Wassernutzern sowie privaten Unternehmen zu übertragen (ILRI 1985 (8), FAO 1986 (3)). In Projekten, in denen sich dies als nicht realisierbar erweist, sollen diese Aufgaben weiterhin von den staatlichen Projektbehörden wahrgenommen und von den Geberländern finanziell abgesichert werden. Als Beispiel eines gelungenen Rehabilitierungsvorhabens im Sahel gilt das Projekt 'Retail' im Einflußbereich der 'Office du Niger' in Mali (vgl. Jouve/Jamin (54), Gadelle (56)).

Mehrere neuere Studien untersuchen **Kleinbewässerungsvorhaben** im Sahel (vgl. u.a. FAO 1986 (9), USAID 1985 (10) und USAID 1984 (11)). Vielfach traten ähnliche Schwierigkeiten auf wie bei den Großvorhaben. Es hat sich gezeigt, daß kapitalintensive Formen der Kleinbewässerung nur in solchen Regionen erfolgversprechend sind, in denen Marktnähe die Zulieferung von Inputs sowie den Absatz der Produkte langfristig gewährleistet. Übereinstimmend empfehlen die Studien demgegenüber, sich bei der Konzeption neuer Projekte an traditionellen und vor allem kostengünstigen Bewässerungsmethoden zu orientieren. Hier wird ebenfalls auf ein Defizit hingewiesen: Technik und Verbreitung traditioneller Bewässerungsmethoden im Sahel (u.a. Überflutungsbewässerung, basfonds-Bewässerung, shaduf und dallou) sind bislang wenig erforscht. Bereits geringfügige Veränderungen könnten hier zu einer substantiellen Anhebung der Produktion im Sahel beitragen. Auch wird der mögliche Einsatz des oberflächennahen Grundwassers zu Bewässerungszwecken in einigen Sahelländern (u.a. in Mali) sehr positiv bewertet (vgl. BRGM 1985 (12), Rep. du Mali 1987 (13)).

Die Erforschung neuer „**small-scale**"-**Technologien** hat demgegenüber in den letzten Jahren kaum weiterführende Ergebnisse hervorgebracht. Zwar werden einige Neuentwicklungen (u.a. Solarpumpen, Tröpfchenbewässerung) als technisch duchführbar eingeschätzt, ihr Einsatz wird aber u.a. aufgrund der hohen Anschaffungs- und Wartungskosten gegenwärtig nicht in Betracht gezogen, (vgl. u.a. USAID 1984 (11) und Fabre (62)).

2. Literaturübersicht nach Schwerpunkten

2.1 Strategie der Bewässerung im Sahel

Eine umfassende Bestandsaufnahme der Bewässerung im Sahel liefern die 1979 publizierten Länderstudien des **Club du Sahel**. In dem Abschlußbericht des Club du Sahel (1) wird die bis zu diesem Zeitpunkt im Sahel verfolgte Bewässerungspolitik einer scharfen Kritik unterzogen: Trotz hoher Investitionen in den 60er und 70er Jahren wurde die Anbaufläche nur geringfügig ausgeweitet, die Erträge blieben hinter den Erwartungen zurück. Auch die Rehabilitierungsprogramme des CILSS waren bislang wenig erfolgreich.

Vormals häufig vernachlässigte Einflußgrößen auf Bewässerung aus dem politischen, sozialen und institutionellen Bereich stehen im Vordergrund einiger neuerer Studien der **FAO** und der **USAID**: So entwickelt USAIDs „African Irrigation Overview" (2) aus einer Analyse der drängenden Probleme eine neue AID-Strategie für den afrikanischen Kontinent. Höchste Priorität soll die Stärkung der im Bewässerungssektor tätigen staatlichen Institutionen sowie die Rehabilitierung bereits existierender Projekte haben. Aus der Analyse der Schwachpunkte in unterschiedlichen Recherchen (z.B. Bewässerungsplanung) werden in der Studie Verbesserungsvorschläge entwickelt. Hinsichtlich der angestrebten Wirtschaftlichkeit zukünftiger Vorhaben soll beispielsweise verstärkt Wert auf die Suche nach kostengünstigeren Bewässerungstechnologien gelegt werden.

FAO 1986 (3) wertet 50 Bewässerungsvorhaben in der Region südlich der Sahara vor allem mit Blick auf die Aktivitäten der afrikanischen Regierungen aus. In vielen Fällen haben Managementprobleme, unzureichende Budgets für Betrieb und Instandhaltung und das Fehlen angemessener produktionsorientierter Serviceleistungen dazu geführt, daß die Bauern das Vertrauen in die Vorhaben verlieren und sich wieder anderen Aktivitäten zuwenden. Auch in gelungeneren Projekten reichten die Erträge selten aus, um die hohen Kosten zu rechtfertigen.

FAO 1987 (4) faßt die Ergebnisse einer 1986 in Lomé durchgeführten Expertenbefragung zusammen und dokumentiert außerdem 12 Expertenbeiträge zu Fragen wie der Rolle der NGOs, Besitzstruktur und Verbesserung der Management-Kapazitäten. Hierbei wird u.a. die Notwendigkeit betont, Bewässerung und Regenfeldbau als komplementäre Aktivitäten zu verstehen, da sich in der Vergangenheit gezeigt habe, daß intensive Bewässerung nicht den erwarteten Vorteil erbrachte (vgl. hierzu auch (5)).

Der bislang weitgehend ungelöste Widerspruch zwischen den Interessen der Bauern und denen der afrikanischen Regierungen vor allem in den staatlich gelenkten Großvorhaben war das zentrale Thema des **DSA-Seminars** (6) „Bewässerungsvorhaben und Produktionssysteme". Insbesondere die mangelhafte Berücksichtigung der den Bauern eigenen Rationalität in deren Arbeitsorganisation führte zu einer Fehleinschätzung des Arbeitseinsatzes, den die Bauern zur Verfügung zu stellen bereit waren: Dadurch, daß die Bauern vielfach eine Strategie der 'auto-alimentation' verfolgten, induzierten sie eine ökonomische Wirkungskette, die die realen Erträge des Reisanbaus weit hinter den geplanten zurückbleiben ließ; wenig motiviert durch die niedrigen Reispreise wurden nebenher andere Aktivitäten zur Einkommenssicherung gesucht mit der Folge, daß die Reisproduktion rückläufig war. Zwei weitere Studien basieren auf Fallstudien bzw. Projektevaluierungen. **CIEH/CEMAGREF 1986** (7) wertet 15 Bewässerungsprojekte unterschiedlicher Größenordnungen im Sudan-Sahel-Raum unter vorwiegend finanziellen Gesichtspunkten aus. **ILRI 1985** (8) evaluiert Vorhaben, die von der Europäischen Gemeinschaft finanziert wurden, darunter mehrere Kleinbewässerungsvorhaben im Senegal und in Niger. Beide Studien decken sich hinsichtlich der Feststellung, daß die niedrigen Erträge ursächlich durch die mangelnde Anpassungsfähigkeit der Bauern an die für sie ungewohnten Bewässerungsmethoden begründet sind. **ILRI 1985** schreibt allerdings eine fehlende 'Anpassungsfähigkeit' auch den Institutionen im nationalen Bewässerungssektor zu.

Weitgehende Übereinstimmung herrscht darüber, daß Kleinbewässerungsvorhaben in Zukunft verstärkt gefördert werden sollen. **FAO 1986** (9) faßt bisherige Ergebnisse in Afrika südlich der Sahara zusammen, berücksichtigt dabei Vorhaben in Mali, Niger, Burkina Faso und Mauretanien und nennt insbesondere die Sahelregion als „Zielgebiet" für Kleinbewässerungsprojekte. Der Bericht stützt sich auf eine Reihe von der FAO bzw. dem IFAD (International Fund for Agricultral Development) in Rom in Auftrag gegebener Studien (siehe Silsoe College 1985 (120), Underhill 1984 (123) und FAO 1985 (92). Der Studie zufolge zeigten sich bei Kleinprojekten — wie bei Großprojekten — vergleichbare Schwierigkeiten, die traditionelle Lebens- und Arbeitsweise der Bauern in der Planung und Durchführung der Bewässerungsvorhaben zu berücksichtigen. Dennoch plädiert FAO 86 für eine Ausweitung der Kleinvorhaben als **ein** Bereich bäuerlicher Aktivitäten.

USAID 1985 (10) evaluiert im Rahmen des USAID „Water Management Synthesis Project" Kleinbewässerungsvorhaben in der Bakel-Region im Senegal, während **USAID 1984** (11) ihre Zukunftschancen für den gesamten Sahel-Raum untersucht, sich dabei aber auf eine Vielzahl von Projektstudien in den Ländern Niger und Mali stützt. Hindernisse bei der Durchführung der Vorhaben werden u.a. im sozio-ökonomischen Bereich erwartet:

1. Die Existenz verschiedener ethnischer Gruppen mit stark differierenden wirtschaftlichen Interessen kann sich negativ auf das geplante Konzept von 'Bauernpartizipation' auswirken — es besteht die Tendenz, daß dominierende Gruppen die Einflußmöglichkeiten anderer beschränken.

2. Der Grad der Vertrautheit mit Bewässerungsmethoden variiert in den einzelnen Regionen sehr stark und erfordert intensivere Anleitung der Wassernutzer.

3. Aufgrund der hohen Migration stehen viele Familien ohne wirtschaftliches Oberhaupt da und sind daher bei Entscheidungen bezüglich Landnutzung oder Kleininvestitionen zurückhaltend, was wiederum die Einführung neuer Kleinbewässerungsvorhaben behindert.

BRGM 1985 (12) untersucht die Möglichkeiten der Grundwassernutzung in Afrika südlich der Sahara. Im Vordergrund steht die Überprüfung der Einsatzmöglichkeit der Grundwassernutzung zur Unterstützung des Regenfeldbaus bzw. in Trockenperioden. **Rep.du Mali / CMDT 1987** (13) berichtet ebenfalls von positiven Ergebnissen eines Pilotprojekts zur Grundwassernutzung in Mali.

Darüberhinaus existieren eine Reihe von Länderstudien: Die Club du Sahel-Studie zum **Tschad** (14) ergänzt die 1979 publizierten Studien des CILSS (139), (148), (153),(170), (192). **Raymond 1984** (15) aktualisiert die Länderstudie Burkina Fasos des CILSS (139). Die **Scet-Agri-Studie zu Mali** (16) gibt eine Typologie der Bewässerungssysteme in Mali und erstellt eine Prioritätenliste für zukünftige Investitionsentscheidungen. Die gesamte Bandbreite der Bewässerungsanlagen entlang des Niger wird in **UNDP 1985** (17) beschrieben. Zwei Appendizes beschreiben den Zustand der Anlagen in Guinea, Mali und im Niger. Dasselbe leistet **USAIDs „Niger Irrigation Subsector Assessment"** (18) für den Staat Niger und behandelt darüberhinaus technische, ökonomische und institutionelle Probleme der Bewässerung. Strategische Überlegungen zur Bewässerung im Sahel in kürzerer Form finden sich außerdem in Brondolo (77), Fell (93), Grégoire (99) und Legoupil (103).

Abschließend sei noch auf zwei Publikationen aus dem universitären Bereich hingewiesen, die sich mit strategischen Fragen der Bewässerung im Sahel befassen: Das Buch von **Funel / Laucoin** (22) gilt als die richtungsweisende Würdigung der Bewässerung im Sahel. Die von ihnen aufgegriffenen Themen legen eine Lektüre sowohl unter strategischem als aus sozio-ökonomischem Erkenntnisinteresse nahe. Unter anderem werden Managementstrukturen und Organisationsformen von Projekten behandelt und kritisiert. Die wichtige Frage, ob Bewässerungsvorhaben Priorität gegenüber dem traditionellen Regenfeldbau haben sollen, erörtert schließlich Gallais in seinem bereits 1976 erschienenen Aufsatz **„Options prises ou ignorées dans les aménagements hydro-agricoles en Afrique Sahélienne"** (19). Gallais vertritt hier die Auffassung, daß Bewässerung im Sahel nur **eine** von verschiedenen agrarpolitischen Maßnahmen zur Steigerung der Nahrungsmittelproduktion sei. Er sieht vor allem in solchen Regionen wenig Erfolgschancen, in denen die Bevölkerung bislang ausschließlich Regenfeldbau betreibt und dies umsomehr, wenn das Vorhaben hohe technische Anforderungen an die Nutzer stellt. Andernfalls plädiert es für eine integrative Vorgehensweise, die sowohl alternative bäuerliche Strategien als auch das vorhandene „know-how" in Sachen Bewässerung berücksichtigt.

2.2 Politische und sozio-ökonomische Rahmenbedingungen sowie Auswirkungen der Bewässerungsprojekte im Sahel

Die Strategiepapiere zur Bewässerung im Sahel betonen die Bedeutung politischer Determinanten (insbesondere der **staatlichen Bewässerungs- und Agrarpreispolitik)**.

FAO 1987 (4) zufolge haben es die Regierungen in der Vergangenheit versäumt, über preispolitische Eingriffe den Bauern die erforderlichen Anreize bereitzustellen, um sie zu einer höheren Produktion zu motivieren. Das Fehlen entsprechender Politiken hat dazu geführt, daß der Bewässerung seitens der Bauern nicht genügend Beachtung geschenkt wurde und diese sich wieder verstärkt anderen Aktivitäten zuwandten.

DSA/CIRAD (6) kritisiert ebenfalls die fehlende Bereitschaft der Regierungen, die makroökonomischen Faktoren, wie beispielsweise den Marktpreis für den Reis oder aber Importe zu Dumpingpreisen, zu kontrollieren und damit Anreize für eine Intensivierung der nationalen Produktion zu schaffen. Der Abschlußbericht des Seminars sieht darin einen Hauptgrund für das Scheitern vieler Projekte. Am Beispiel Senegals werden die Hindernisse auf der makropolitischen Ebene diskutiert. Dort übt die Lobby der Reisimporteure einen großen Einfluß auf die Wahl der entwicklungspolitischen Strategien aus. Gleichzeitig wird die finanzielle Abhängigkeit der senegalesischen Regierung von den Steuereinnahmen aus dem Reisimport hervorgehoben. Das Fehlen wirtschaftlicher Anreize hat die Bauern dazu veranlaßt, ihre Risiken zu begrenzen, indem sie ihre Produktion diversifizierten und den Einsatz teurer Inputs limitierten.

Trotz der besonderen Bedeutung der makropolitischen Einflußfaktoren für den Erfolg der Projekte, insbesondere in den Reisanbaugebieten, befassen sich darüberhinaus nur sehr wenige Publikationen mit diesem Thema. Wenn überhaupt, werden politische Determinanten nur am Rande diskutiert. **Pearson et.al. 1981** (112) behandeln ausführlich die Reispolitiken in mehreren afrikanischen Ländern, darunter Mali und Senegal, ohne jedoch Vorschläge auf politischer Ebene zu entwickeln, die für die Projekte in den Reisanbaugebieten Malis (Office du Niger, Opération Riz Ségou, Opération Riz-Mopti) und des Senegals (SAEDs Vorhaben im Senegaldelta, Casamance) von Bedeutung sein könnten. Auch einige Aufsätze in **Conac et.al. 1985 „Les Politiques de l'eau en Afrique"** (20) befassen sich mit politischen Themen. U.a. untersuchen hier **Conac/Conac** (21) den Ablauf politischer Entscheidungsprozesse in Afrika am Beispiel der Bewässerungspolitik. Sie kritisieren u.a. die Rolle der Großbewässerungsvorhaben als „Prestigeprojekte" und nennen daneben politische Instabilität als ein weiteres Hindernis für eine stringente Projektdurchführung (Siehe auch **Badouin 1985** (72), **Maton 1985** (106) und **Verhoog 1985** (125).

Sozio-ökonomische Fragen der Bewässerung finden demgegenüber in den letzten Jahren verstärkt Beachtung. Dies gilt insbesondere für die Auswirkungen der Bewässerung auf das „régime foncier", die Verteilung von Grund und Boden einerseits und auf die (traditionelle) Organisation der Arbeit andererseits. In aller Regel versucht der Staat die Landrechte und -nutzung den Erfordernissen der modernen Bewässerungslandwirtschaft anzupassen, was vielfach eine Verkleinerung der von den einzelnen Bauern zu bewirtschaftenden Parzellen impliziert. Dies läuft in nicht wenigen Fällen den Bodennutzungsstrategien der landbesitzenden Bauern entgegen, deren Ziel es ist, ihren Grundbesitz zu vergrößern und über Pachtverträge (extensiv) zu nutzen. Der Versuch der Regierungen, bei der Neuverteilung der Böden egalitäre Prinzipien durchzusetzen, scheitert nicht selten am Fortbestehen traditioneller Strukturen (Vgl. **DSA/CIRAD** (6), **Berthomé** (26), **Mathieu** (28)).

Noch 1981 beklagten **Funel/Laucoin** (22) den Mangel sozio-ökonomischer expost Studien für Bewässerungsvorhaben in Afrika. Sie selbst untersuchen Produktion, Besitzstrukturen und Managementfragen in verschiedenen Projekten im Sahel (insbesondere in Mali und Niger). In drei Vorhaben „Aménagement Zone Lacustre" (Mali), „Gorgol" (Mauretanien) und „Ibohamane" (Niger) wurden die **Auswirkungen auf das „régime foncier"** analysiert. Versuche, auch über Landreformen, eine der Bewässerungslandwirtschaft gerecht werdende Verteilung der Böden durchzusetzen, wurde durch den Widerstand ländlicher Eliten, die nicht bereit waren, ihre Privilegien aufzugeben, verhindert. Funel/Laucoin zufolge hätten Konflikte vermieden werden können, wenn die der traditionellen Landnutzung zugrundeliegenden Machtstrukturen stärker berücksichtigt worden wären.

Die Mehrzahl der in den letzten Jahren erschienenen sozio-ökonomischen Studien untersucht Projekte am Senegalfluß. Bereits 1980 waren in einer Studie der **OMVS** (23) wichtige Daten zusammengetragen worden. **Bonnefond et.al.** (24) folgern aus ihrer Untersuchung ausgewählter Gruppen von Produzenten im Einflußbereich der SAED, daß die Einführung neuer Produktionsweisen nicht schematisch erfolgen darf, sondern von Fall zu Fall an traditionelle Strukturen der ethnischen Gruppen angepaßt werden muß.

Fieloux (25), **Berthomé** (26), **Jamin/Tourand** (27) und **Mathieu** (28) diskutieren soziale Folgewirkungen an Fallbeispielen.

Berthomé und Mathieu berichten von einer „demokratisierenden" Wirkung in einigen Projekten, in denen bislang marginalisierte Bevölkerungsschichten Zugang zum Landbesitz erhielten. In einigen Regionen kam es deswegen zu Konflikten (28). (Vgl. ebenfalls zum Senegal (29), (30) und (31)). Verstärkt wird dazu übergegangen, die Bevölkerung in die Entscheidungen über die Neuverteilung der Anbauflächen einzubeziehen (28). **Seck** (32) berichtet von 2 Pilotprojekten in Mauretanien und dem Senegal (Boghe und N'Dombo). Dort wurde die Flurbereinigung auf der Basis einer zuvor angefertigten sozio-ökonomischen Studie und unter besonderer Berücksichtigung traditioneller Landrechte durchgeführt.

Eine Evaluierung der französischen Regierung untersucht die sozio-ökonomischen Auswirkungen des **Projektes „Riz-Mopti"** (33) in Mali. In dem 38000 Hektar umfassenden Reisanbaugebiet hat die Umverteilung des Landes eine „neue" Klasse „indirekter" Produzenten hervorgebracht, die ihren Lebensunterhalt vorrangig außerhalb der Landwirtschaft sichert. Die 'landtenure'-Frage der Bewässerung in den Ländern Tschad und Burkina Faso findet in der neueren Literatur keine nennenswerte Beachtung. Lediglich **Bellot-Couderc/Bellot** (34) und **Baris** (35) berichten über soziale Konflikte des AVV (Aménagement des Vallées des Voltas) in Burkina-Faso. Dort traf die Neuansiedlung der Mossi, die voher in einer überbesiedelten Region lebten, in neu bewässerten Gebieten in den Volta-Tälern auf den Widerstand der dort ansässigen Bevölkerung, die sich durch die Ankunft der neuen Siedler in ihrer ökonomischen Existenz bedroht fühlte.

2.3 Management und Organisation

Die Literatur zu diesem Themenbereich umfaßt drei Kategorien:

1. Organisationsprobleme der staatlichen Bewässerungsbehörden
2. Organisation der „Farmer Participation" und
3. Managementprobleme auf der Ebene des Trägers.

Bevor einzelne Studien zu diesen drei Bereichen näher vorgestellt werden, soll zunächst ein 1977 erschienenes **Handbuch „Manuel de gestion de périmètres irrigués"** (36) erwähnt werden, das die verschiedenen Stufen des Managements von Bewässerungsvorhaben („water-management", „Financial management", Organisation der Bauern und Management der Ausrüstungen) auf allgemeiner Ebene beschreibt und im Anhang Fallbeispiele aus dem Senegal (SAED), Mali (Riz-Mopti) und Kamerun (SOMMALAC) enthält. Die hier entwickelte Management-Konzeption bezieht sich in erster Linie auf Großvorhaben.

Ein Seminar des französischen **CEFIGRE** vom 21.10.-15.11.1985 in Madagaskar zum Thema **„Gestion des périmètres irrigués dans les pays d'Afrique non-mediterranéens"** (37) enthält zwar mehr als 30 Beiträge zu allen Fragen des Managements von Bewässerungsvorhaben, allerdings nur einen einzigen Beitrag zum Sahel-Raum. Dennoch sind die nicht-länderbezogenen allgemeinen Beiträge von Interesse: sie behandeln Themen wie „Managementstruktur von Projekten", „Projektorganisation", „Wasserpreispolitik", „Schulung der Wasser-

besondere Probleme in den Rehabilitierungsvorhaben, die auch für den Sahel-Raum relevant sind.

1. Organisationsprobleme der staatlichen Bewässerungsbehörden
   Zwei Evaluierungen (38), (39) des französischen „Ministère des Relations Extérieures — Coopération et Développement" befassen sich u.a. mit **Organisationsproblemen staatlicher Bewässerungsbehörden**. In beiden Fällen (SAED, Senegal und Office du Niger, Mali) ist es beabsichtigt, die Kapazitäten der Behörden abzubauen und diese so umzustrukturieren, daß eine Übertragung von Managementfunktionen an die Bauern auf breiter Ebene erfolgen kann. Beide Studien berichten über erhebliche Schwierigkeiten hierbei. Während im Fall der „Office du Niger" in Ansätzen mit der Reorganisation begonnen wurde (39), stellen **Bailhache et.al.** (38) fest, daß die „Geschlossenheit" und Schwerfälligkeit der SAED jeden Schritt in Richtung „désengagement" verhinderten. (Zur „Office du Niger" vgl. auch (41)).

   Eine weitere Studie untersucht Organisationsprobleme der OMVS (Organisation pour la mise en valeur du fleuve Sénégal) (40). Dieser Studie zufolge leidet die Effizienz der OMVS nicht zuletzt darunter, daß die Mitgliedsländer (Mali, Mauretanien, Senegal) nicht die vereinbarten Beiträge zahlen können; organisationsintern wird für eine Stärkung der Kontrollinstanzen plädiert.

2. Organisation der „Farmer Participation"
   Verschiedene Konzepte der **„farmer participation"** stellt **Duncan Miller** (42) in seinem von der OECD herausgegebenen Buch „Self-Help and popular participation in rural water systems" vor. Erfahrungen aus mehreren Ländern (Mali, Niger, Senegal) faßt **Belloncle** in **„Aménagements hydro-agricoles et participation paysanne"** (43) zusammen. Er erläutert einen von ihm entwickelten Leitfaden zu Managementaufgaben in Bewässerungsvorhaben in der Muttersprache der Bauern. Belloncle vertritt die Auffassung, daß Mitarbeiter staatlicher Behörden und Bauern eine **gemeinsame, geschriebene** Sprache lernen müssen, damit die staatlichen Vorhaben der Delegation von Verantwortlichkeiten an die Bauern überhaupt erfolgreich sein können. Die Publikationen von **Barrier** (44), **Fresson** (45) und **Weigel** (46) behandeln Modalitäten der **„farmer participation"** in **Kleinbewässerungsvorhaben** (insbesondere PIVs)[1] im Senegal. In der Bakel-Region (kleine Projekte, 20 ha) wurde ein Vertrag zwischen der SAED (zuständig für den technischen Beitrag) und der Bauernvertretung (entscheidet über Organisation der Arbeit und Anbaukulturen) geschlossen. Der „Kollektivboden" wurde ausdrücklich anerkannt (46). Auch **Diemer/van der Laan** (47) sehen — wie Weigel — den relativen Erfolg der PIVs darin begründet, daß bei der Wahl der Organisationsformen örtliche Machtstrukturen berücksichtigt und teilweise in das Konzept „eingebaut" wurden. In

---

(1) PIV: Périmtre Irrigué Villageois (im Senegal);
PPV: Petit Périmtre Villageois (in Mauretanien)

den PIVs tragen die Bauern einen großen Teil der „Entscheidungsverantwortung" und übernehmen den Bau der Infrastruktur weitgehend in Eigenregie. Die Resultate dieser Vorhaben werden — vor allem in Anbetracht des niedrigen Investitionsvolumens — positiv eingeschätzt.

Zu einer **positiven Beurteilung der PIVs** in der Matam Region (Senegal) kommt auch **Fresson** (45). Dort wurden die Bauern auf allen Stufen der Projektdurchführung beteiligt: sowohl bei der Wahl des Projektstandortes, der Produktionsweise, der Organisation der Produzentengruppen bis hin zur Instandhaltung. **Barrier** (44) berichtet von der Übergabe von Managementfunktionen an private Unternehmen (PIVs, Matam). Die Rolle von Kooperativen bei der Beteiligung der Bauern an der Organisation der Bewässerung erläutern **Cissé** (48) für den Staat Niger und **Dachraoui** (49) am Beispiel der CUMA im Senegal: Dort entwickelte SAED in Zusammenarbeit mit FAO und OMVS ein Kooperativenmodell CUMA (Coopérative avec Utilisation de Matériel Agricole). Ziel der CUMA war es, durch organisierten Einsatz von Maschinen auf den Feldern einen höheren Ertrag (zwei Ernten statt einer) zu ermöglichen und so die Bauern zu einem stärkeren Arbeitseinsatz auf den bewässerten Parzellen zu motivieren. In den erwähnten Beispielen waren Dachraoui zufolge die Ergebnisse in ökonomischer wie sozialer Hinsicht positiv.

Marty (51) diskutiert die Modalitäten des „transfer de gestion" im **Pilotprojekt Bagre** (83 ha bewässertes Land, 250 ha Regenfeldbau) in Burkina Faso. Dort erfolgt die Übergabe der Verantwortlichkeit an zwei Bauernorganisationen mit verschiedenen Aufgabenbereichen: einmal an das 'Groupement des irrigants', das die Wasserverteilung und die Instandhaltung der Infrastruktur übernimmt, zum anderen an die Kooperative des Pilotprojekts, die mehrere Funktionen erfüllen soll (u.a. Kommerzialisierung, Bereitstellung der Inputs und Schulung der Bauern).

Drei Untersuchungen behandeln **Managementfragen in Rehabilitationsvorhaben, Bourrat** (52) in allgemeiner Form sowie **Gadelle** (53) und **Jouve/Jamin** (54) am Beispiel des Projekts „Retail". Das Projekt „Retail" im Einflußbereich der Office du Niger (Mali) gilt als Beispiel für ein gelungenes Rehabilitationsvorhaben (3000 ha). Es umfaßt die Instandsetzung und den Ausbau von Bewässerungsnetz und Drainage; bei den Wartungsaufgaben werden private Unternehmen miteinbezogen. Der Wassertarif wurde erhöht, um einen Teil dieser Arbeiten zu finanzieren. Durch eine Verkleinerung der Parzellen von 3 ha auf durchschnittlich 1,5 ha wurde eine Intensivierung der Bewirtschaftung erreicht, so daß sich die Rentabilität durch diese 'Rationalisierung' im Vergleich zur Ausgangssituation verdreifachte.

Der **Rolle der NGOs** sowohl bei Projektidentifizierung als auch Durchführung wird in der Literatur zunehmend Bedeutung beigemessen — vor allem bei Kleinprojekten auf lokaler Ebene. Aufgrund der beschränkt zur Verfügung stehenden Mittel entwickelten sie vielfach neue kostengünstige Techniken unter Verwendung der örtlich vorhandenen Materialien (**World Bank 1985** (55)). Die Rolle der NGOs bei der Vermittlung der „Farmer Participation" beschreibt auch **Françoise Conac** (56) am Beispiel von Caritas im Senegal.

3. Managementprobleme auf der Ebene des Trägers

Zwei Publikationen schließlich behandeln **Managementprobleme auf der Ebene des Trägers** im Senegal und in Mali: Sie berichten insbesondere über negative Folgen für die Bauern aufgrund von Versäumnissen bei der Bereitstellung von Inputs durch die Projektbehörden. **Baker 1982** (57) bezieht sich dabei sowohl auf die Großvorhaben der SAED im Senegaldelta als auch auf Kleinvorhaben im mittleren Tal. Ihr zufolge können konzeptionelle Neuerungen nicht erfolgreich sein, solange das grundlegende Problem der mangelhaften Effizienz staatlicher Behörden nicht gelöst ist. Moris 1984 (58) sieht die Gründe für die niedrigen Erträge beim Weizenanbau im Projekt 'Action Blé-Diré' in Mali ebenfalls auf der Ebene der Projektorganisation. Der fehlende Zugang zum Ersatzteilemarkt sowie das mangelnde Verständnis für die Bedeutung der Wartung seitens der Bauern waren dort Hindernisse bei der Realisierung einer optimalen Produktion.

2.4 Umweltauswirkungen der Bewässerung

Nur eine einzige Studie (**OMVS 1980**) (59) behandelt Umweltauswirkungen der Bewässerung im Sahel in gründlicher Form. Sie untersucht die zu erwartenden ökologischen und sozio-ökonomischen Folgen der OMVS-Vorhaben im Senegaltal, u.a. der im Bau befindlichen Staudämme Diama und Manantali. Die Studie berücksichtigt auch gesundheitliche Folgen und weist insbesondere im Bereich des Manantali-Staudamms auf die Gefahr einer Ausbreitung „bewässerungsbedingter" Krankheiten hin.

Im Rahmen der Mali-Studie der **Scet Agri/Gersar** (16) werden ebenfalls die gesundheitlichen Folgen der existierenden und geplanten Bewässerungssysteme untersucht.

Abgesehen hiervon werden die Umweltprobleme der Bewässerung im Sahel in der hier erfaßten (französischen) Literatur nur am Rande gestreift (60, 61).

2.5 „Small-Scale" — Technologien

Die Entwicklung von „small-scale" — Technologien hat in den letzten Jahren kaum neue Ergebnisse hervorgebracht. Überlegungen zum **Einsatz neuer Technologien** (u.a. Tröpfchenbewässerung, Solarpumpen) scheiterten nicht an ihrer technischen Undurchführbarkeit, sondern an hohen Anschaffungskosten und

Anforderungen an Wartung und Instandhaltung. Zu diesem Ergebnis kommt auch eine Evaluierung der französischen Regierung, in der die Einsatzmöglichkeiten von **Solarpumpen** in Mali überprüft wurden (62). Die Studie empfiehlt den Einsatz nur dann, wenn die Wassernutzer sich an den Anschaffungskosten beteiligen. Die Voraussetzung hierfür wäre ein durch intensive Bewässerung zu erzielendes höheres Einkommen der Bauern; eine Voraussetzung, die zum gegenwärtigen Zeitpunkt in den in Frage kommenden Standorten (v.a. PIVs) nicht gegeben ist, weil auch hier die sozio-ökonomischen Rahmenbedingungen eine rentable Produktion nur selten ermöglichen (Vgl. auch ITD/GRET, Les énergies de pompage (63)).

USAID 1984 (11) registriert das Fehlen relevanter Studien bei der Erforschung angepaßter Technologien, die existierende traditionelle Bewässerungsformen zum Ausgangspunkt ihrer Überlegungen nehmen. Es sei zu überlegen, welche einfachen existierenden Bewässerungsmethoden aus dem Umfeld der Bauern mittels moderner Materialien und 'know-how' derart verbessert werden können, daß sie effizienter (und auch universeller) eingesetzt werden können.

Im Anhang des USAID-Reports wird u.a. eine Umsetzungsmöglichkeit dieser Idee dokumentiert: **Royer 1984** (64) beschreibt die „**Dallou-Bewässerung**", eine in Nordafrika, im Yemen, im Tschad und in Niger gebräuchliche Bewässerungsmethode. Durch Tierkraft (meist Ochsen) wird Wasser aus einem 2 — 12 m tiefen Brunnen in kleine Gärten geleitet. Eine Zementierung des Ziehbrunnens könnte den frühzeitigen Verfall dieser „Anlagen" verhindern und einen kontinuierlichen Anbau ermöglichen. Weitere Publikationen, die eine Ausweitung traditioneller Technik erwägen, finden sich nur wenige. **Gadelle** (65) beschreibt die Technik der „**kontrollierten Überflutung**„ (submersion controllée) und diskutiert die Möglichkeit ihrer weiteren Verbreitung in Mali. Er sieht die Vorteile der 'kontrollierten Überflutung' vor allem in den geringen Kosten, dem rationellen Wasserverbrauch sowie in der einfachen Konstruktionsweise. Darüberhinaus ist die Wartung dieser Anlagen relativ problemlos.

Eine Übersicht über Technik und Verbreitung der „submersion controllée" an den Flüssen Niger und Senegal findet sich auch in **Funel/Laucoin** (22).

Eine Bestandsaufnahme der in Westafrika gebräuchlichen Formen der „basfonds" — Bewässerung leistet **Berton** in seiner 1986 erschienenen Publikation „**Ouvrages de stockage et matrise des crues dans l'Afrique de l'Ouest**" (66). **Berton** beschreibt fünf verschiedene Formen von kleinen Dämmen und Deichen. Auch hier wird die Möglichkeit einer breiteren Anwendung dieser Technik diskutiert.

Über neuere Erfahrungen beim Einsatz von **Brunnen** zur Bewässerung (kleiner Gärten) berichten **Lancelot** (67) und **Boubee** (68). Lancelot beschreibt eine neue „small-scale" - Pumpentechnik in der Region Maradi. Boubee erwähnt positive

Ergebnisse aus Pilotprojekten im Senegal: In Gebieten weitab von Verkehrswegen und Flüssen, wurden bis heute etwa 600 Brunnen gebaut. Sie dienten primär zur Trinkwasserversorgung der Bevölkerung und der Nutztiere. Eine rationellere Nutzung der Wasserressourcen ermöglichte darüberhinaus die Einrichtung kleinerer Bewässerungsanlagen und trug so zur Verbesserung der Ernährungslage der Bevölkerung bei.

3. Zusammenfassende Wertung der Literaturlage

Eine quantitative Bewertung der Literaturlage ergibt hinsichtlich der gewählten Themenschwerpunkte ein sehr unterschiedliches Bild. Zahlreiche Studien der internationalen Organisationen werten bisherige Erfahrungen aus und entwickeln Alternativen für zukünftige Strategien der Projektpolitik. Im Vordergrund steht dabei die Frage nach den Möglichkeiten und Grenzen der Kleinbewässerungsvorhaben im Sahel. Allein 5 Studien der FAO sowie zwei weitere der USAID befassen sich ausführlich mit diesem Thema. Neuerdings wird auch der Einsatz des oberflächennahen Grundwassers zu Bewässerungszwecken geprüft (2 Studien aus den Jahren 1985 und 1987). Ebenfalls sehr umfangreich ist die Literatur zu den sozio-ökonomischen Rahmenbedingungen und Auswirkungen der Bewässerung im Sahel. Während in den 70er Jahren hier noch ein Mangel beklagt wurde, widmeten sich in den 80er Jahren mehrere Wissenschaftler diesem Thema. Die Forschung konzentrierte sich dabei jedoch sehr einseitig auf Vorhaben am Senegalfluß. Den etwa 20 Untersuchungen zu dieser Region stehen nur einige wenige zu den anderen Sahelländern gegenüber. Nur eine einzige neuere Forschungsarbeit befaßt sich beispielsweise mit den sozialen Folgen der zahlreichen Projekte in Mali. Vernachlässigt werden in der Forschung auch die politischen Rahmenbedingungen der Bewässerung. Obwohl von großer Bedeutung für den Erfolg zukünftiger Projektstrategien, werden die politischen Umsetzungsmöglichkeiten neuer Konzepte in den Untersuchungen — wenn überhaupt — nur am Rande behandelt.

Der Themenbereich 'Management und Organisation' findet demgegenüber in der Literatur zunehmend Beachtung. Diskutiert werden hier vor allem Vorgehensweise und Probleme bei der Übertragung von Managementfunktionen an die Wassernutzer. Die zehn ausgewählten Fallbeispiele aus verschiedenen Ländern (Burkina Faso, Senegal, Mali und Niger) berücksichtigen dabei kooperative Modelle, die Rolle der NGOs als auch Managementfragen in Rehabilitierungsvorhaben. Weitere Beiträge zum Thema „Farmer Participation" finden sich in der nicht-annotierten Bibliographie.

Nur eine einzige Studie befaßt sich mit den physischen Umweltauswirkungen der Bewässerung. Dieser Themenbereich wird von der französischen Forschung erstaunlicherweise stark vernachlässigt. Demgegenüber ist der Mangel an neueren Studien zu den „small-scale" — Technologien (sieben Titel) weniger überraschend, da vor allem mit dem Einsatz der in den 70er Jahren zahlreich geprüften technologischen Neuerungen im Sahel aus Kostengründen derzeit nicht zu rechnen ist.

4. Annotierte Bibliographie

4.1 Strategie der Bewässerung im Sahel

1. **Club du Sahel 1980**
   The development of irrigated agriculture in the Sahel.
   Review and perspectives.
   Paris, 34 S. (A)

   Faßt die Ergebnisse der 1979 erschienenen Länderstudien zusammen. Kritisiert niedrige Rentabilität moderner Bewässerungsvorhaben. Nennt als Gründe:

   1. technische Probleme
   2. Managementprobleme
   3. Probleme der Agrarpolitik und
   4. finanzielle Probleme.

2. **USAID 1985**
   African Irrigation Overview.
   Water Management Synthesis II Report No. 37
   Logan, Utah, 97 S. 2 Appendizes

   Untersucht bisherige Erfahrungen unter Einbeziehung technischer, ökonomischer, sozialer und institutioneller Faktoren. Entwickelt AID-Strategie für die nächsten Jahre. Höchste Priorität sollen Stärkung der Institutionen im Bewässerungsbereich sowie Rehabilitierung bestehender Projekte haben. Wichtige Voraussetzung hierfür sind multidisziplinäre Studien, die zunächst prüfen sollen, warum Instandhaltung bislang vernachlässigt wurde. „The physical reconstruction of older schemes will be of only temporary benefit if changes are not instituted in how the system is operated".

3. **FAO 1986**
   Irrigation in Africa south of the Sahara.
   A study with particular reference to investment for food production.
   FAO Investment Center Technical Paper No. 5
   Rom, 175 S. (F)

   Beschreibt aktuellen Stand der Bewässerung in Afrika südlich der Sahara, basiert Aussagen auf einer Evaluierung von Datenmaterial aus etwa 50 Projekten. Konzentriert sich dabei stark auf die Aktivitäten der afrikanischen Regierungen. Kritisiert unzureichendes Management und niedrige Mittelzuweisungen für O + M — Aktivitäten.
   Unangemessene Preispolitik hat dazu geführt, daß Bauern Vertrauen in die Vorhaben verlieren und ihre Aktivitäten teilweise in andere Bereiche verlagern. Selbst

in gelungeneren Vorhaben waren die Erträge nicht gut genug, um hohe Kosten zu rechtfertigen.
Nur in acht Ländern (Senegal, Burkina Faso, Niger, Mauretanien, Mali, Somalia, Botswana und Kenia) könnte Bewässerung in der Zukunft aufgrund des demographischen Drucks und fehlender Voraussetzungen für Regenfeldbau eine wichtige Rolle spielen.

In den übrigen 32 Ländern, die die Studie einbezieht, soll Regenfeldbau prioritär sein.

4. FAO 1987
Consultation on irrigation in Africa.
FAO Irrigation and Drainage Paper 42.
Rom, 196 S. Appendizes (F)

Bericht einer Expertenbefragung in Lomé Togo (21.-25.4.86). Ziel war, „to examine the irrigation experience on the continent with a view to incorporating the lessons learned in strategies for future irrigation development".

Zwei Teile: 1. Ergebnisse, 2. Arbeitspapiere (viele von afrikanischen Experten). Teil 1 betont Notwendigkeit, Bewässerung und Regenfeldbau nicht als konkurrierende, sondern als komplementäre Aktivitäten zu betrachten; Bewässerung als Instrument zur Erreichung sozialer und soziopolitischer Ziele, Notwendigkeit der „farmer participation" auf allen Ebenen: Planung, Durchführung, Management. Themen der Arbeitspapiere reflektieren Bedeutung sozialer und institutioneller Parameter: u.a. „Policy Issues in Irrigation Development", „Manpower and Training Needs for Irrigation in Africa", „Women in Irrigated Agriculture", „The Role of Non-Governmental Organizations in Small-scale Irrigation in Africa", „Land tenure and Irrigation Development".

Abschließend: Notwendigkeit angemessener staatlicher Bewässerungspolitiken, Regionalplanungsansatz ist dem Projektansatz vorzuziehen, Rehabilitierung bestehender Vorhaben „is expected to be successfull if it is extended beyond the physical system to include the management structure. Such an institutional rehabilitation should be based on a clear perception of the roles of government, farmers and private enterprises in the management of the schemes ...."

5. FAO 1986
African Agriculture: the next 25 years
Rom, 5 Appendizes   (F)

Annex IV „Irrigation and Water Control" behandelt auf 72 Seiten gegenwärtigen Stand und Ergebnisse der Bewässerung in Afrika, nennt Hindernisse und Optionen für die Zukunft. Tabelle 9 im Anhang enthält eine Schätzung der zu erwartenden jährlichen Kosten der O + M im frankophonen Westafrika.

6. **DSA / CIRAD 1986**
   Aménagements hydro-agricoles et systèmes de production
   Montpellier 1986 (bisher unveröffentlicht)

   51 Beiträge eines Seminars (16.-19.12.1986), 29 davon zur Sahel-Region. Thema: Bewässerung und Produktionssysteme (Projekt- und Länderebene), aber auch Beiträge zu technischen und makroökonomischen Fragen; viele Beiträge zum Senegal.
   Abschlußbericht kritisiert bislang ungelösten Widerspruch zwischen Logik der Bauern und des Staates, ungenügende Berücksichtigung traditioneller Arbeitsformen und Besitzstrukturen in den Projektplanungen. (Siehe auch (26), (27), (50), (53)).

7. **CIEH / CEMAGREF 1986**
   Aménagements hydro-agricoles en zone soudano-sahélienne: leur coûts, leur résultats (Analyse effectuée sur études de cas)
   Paris, 15 Appendizes (CCCE)

   Umfangreiche Evaluierung von 15 Bewässerungsvorhaben unterschiedlicher Dimension, finanzielle Gesichtspunkte im Vordergrund.
   Untersuchte Projekte (u.a.): Namarigoungou, Toula, Ibohamane (Niger), Bagre, Lantiera (Burkina Faso), Forgho, Kolodougou (Mali), N'Dombo Thiago, PIV Matam (Senegal), Périmètre Pilote du Gorgol (Mauretanien). Ergebnisse: Wenig Irrtümer in der technischen Konzeption, Flächenausweitungen größtenteils erreicht, Erträge unzureichend, Probleme der Bauern mit ungewohnten Arbeitsanforderungen, Betriebs- und Unterhaltungskosten ungenügend antizipiert.

8. **ILRI 1985**
   Evaluation de projets hydro-agricoles financés par la Communauté Economique Européenne, Rapport de Synthèse
   Wageningen, 101 S. Appendizes

   Evaluierung von Projekten in 6 afrikanischen Ländern, darunter Niger (Toula) und Sénégal (Nianga, PIVs, Sénégal-Oriental und Casamance). Ergebnisse: Projekte erfüllen nicht die Erwartungen, vor der Initiierung weiterer Bewässerungsvorhaben sollten andere kostengünstigere Alternativen geprüft werden (u.a. Regenfeldbau, Viehzucht), Anpassungsfähigkeit sowohl der Bauern als auch der Institutionen an bislang unbekannte Bewässerungstechniken wird überschätzt; ebenso die Größe der Parzelle, die ein einzelner Bauer zu bewirtschaften in der Lage ist.

9. **FAO 1986**
   Small-scale water control schemes in sub-saharan Africa.
   Past experience and development options
   (Working Paper, prepared by the FAO Investment Center with IFAD Africa division) Rome, 38 S. (F/IC)

Beschreibt traditionelle Bewässerungsmethoden und ihre Verbreitung im Sahel: „shaduf irrigation", Überflutungsbewässerung, „bas fonds" — Bewässerung und „culture de décrue".
Gibt kurzen Überblick über staatlich geförderte Kleinvorhaben mit „full water control" in Mali, Niger, Burkina Faso und Mauretanien. Bisherige Erfahrungen zeigen ähnliche Resultate wie Großvorhaben: wenig erfolgreich, dennoch Ausweitung (insbesondere im Sahel) wünschenswert. „...principal constraint to implementation will concern institutional problems and the ability of the different organizations concerned to stimulate initially and, subsequently, to satisfy farmers demands". Plädiert dafür, kleine Bewässerungsvorhaben als **zusätzliche** Maßnahmen in einem breiteren Spektrum bäuerlicher Aktivitäten zu konzipieren, ebenfalls für eine Weiterentwicklung traditioneller Systeme.

10. **USAID 1985**
 Project review for Bakel small irrigated perimeters, Senegal.
 Water management synthesis Project No. 9
 Logan, Utah 102 S. (F/LW)

Evaluiert kleine Bewässerungsprojekte in der Bakel-Region im Senegal, Projektgeschichte, Management und Erträge. Ausführliches Kapitel „Sociological and institutional considerations": Soziale Organisation der Region, Bauernorganisationen, Trainingsmethoden der SAED. Kurze Auswertung des Bakel-Solarpumpen-Projekts.

11. **USAID 1984**
 Prospects for small-scale irrigation development in the Sahel.
 Water Management Synthesis II Project No. 26
 Logan, Utah, 121 S.; ausführliche Bibliographie, Appendizes.

Sehr gründliche Studie, beschreibt alle Formen traditioneller und moderner Bewässerung im Sahel, „Well Gardening" in Niger, Action BléDiré (Mali).
Kapitel über soziale Determinanten der Bewässerung: Nennt mögliche Schwierigkeiten bei der Durchführung von Kleinbewässerungprojekten: 1. Dominante Gruppen neigen dazu, ethnische Minderheiten von der Partizipation auszuschließen, 2. die Anforderungen an das Schulungspersonal sind sehr hoch, da die Bauern in sehr unterschiedlichem Maße mit den notwendigen Techniken vertraut sind, 3. Familien, deren „Oberhäupter" im Ausland leben, werden bei der Einführung neuer Technologien, die zudem hohen Kapitaleinsatz erfordern, zurückhaltend sein.
Jeweils ein eigenes Kapitel über Bewässerung in Mali und Niger. Abschließend Fallbeispiele: Tara-Project, Maggia Valley (Niger).

12. **BRGM / CIRAD / GERSAR 1985**
 Groundwater and rural development in sub-saharan Africa
 Orléans/Montpellier/Nîmes, 67 S. (I)

Untersucht vorhandene Grundwasserressourcen im Sahel. Beurteilt landwirtschaftliche Nutzungsmöglichkeiten positiv: 1. Grundwasser als „Puffer" beim Regenfeldbau, 2. als zusätzliche Maßnahme in kleinen Bewässerungsvorhaben (3-5 ha), in Trockenperioden zur Sicherung eines Teils der Ernte. Voraussetzung: zusätzliche Produktion muß ausreichen, um Kosten für Inputs, Instandhaltung und Kreditrückzahlung zu gewährleisten, damit Bauern Pumpen erwerben können.

Berichtet von positiver Reaktion der Dorfbewohner auf Pilotprojekte in Niger, Mali und dem Senegal.

13. **République du Mali/CMDT 1987**
Étude de Factibilité d'un projet pilote pour la mise en valeur agricole des eaux souterraines au Mali (Zones de Fana et San)
Rapport de Synthese (I)

Eine von Weltbank und FAC finanzierte Feasabilitystudie. Berichtet von bisherigen positiven Erfahrungen, studiert auch sozio-ökonomische Rahmenbedingungen und organisatorische Erfordernisse bei der Einrichtung eines Pilotprojekts zur Grundwassernutzung in Mali.

14. **Club du Sahel 1986**
Bilan-diagnostic de l'hydraulique rurale au Tchad.
Paris, 168 S. (A)

Evaluiert aktuelle Situation, erstellt Inventar bestehender Vorhaben und entwickelt Programm für die kommenden Jahre. Analysiert außerdem Hindernisse im institutionellen Bereich.

15. **Raymond, Max 1984**
Actualisation du bilan. Programme des cultures irriguées en Haute Volta
Paris, 75 S. Appendizes (Document provisoire) (MA)

Aktualisiert die Länderstudie des CILSS aus dem Jahr 1979 (139).

16. **Scet Agri / Gersar 1985**
Options et investissements prioritaires (dans le domaine de l'irrigation)
Mali
Paris, 191 S. Appendizes (MA)

Ausführliche Beschreibung und Typologie der Bewässerungssysteme in Mali. Untersucht Kosten der Vorhaben. Behandelt eingehend gesundheitliche Risiken der Projekte (s.a. Annex III: „Risques sanitaires"). Außerdem Annex I zu Großbewässerungsvorhaben in Mali: „Opération Riz-Segou", „Office du Niger", „Vallée du Bani".

17. **UNDP 1985**
Assistance to the Niger Basin Authority (NBA).
Inter-state hydraulic development of the middle and upper reaches of the river Niger.
Irrigation Report.
Rom, 4 Bde., umfangreiche Bibliographie (F/LW)

Evaluiert Bewässerungssysteme am Fluß Niger (in Guinea, Mali und Niger). Appendizes enthalten umfangreiches Datenmaterial.

18. **USAID 1984**
Niger Irrigation Subsector Assessment
Main Report
Niamey, 45 S., Appendizes

Beschreibt Bewässerungssysteme am Niger (u.a. Pumpensysteme, Dammbauten, Grundwassernutzung und „individually managed micro-irrigation systems"). Diskutiert Vermarktungsprobleme; institutionelle, soziale und politische Rahmenbedingungen sowie Umweltauswirkungen und Gesundheitsfragen.

19. **Gallais, Jean 1976**
Options prises ou ignorées dans les aménagements hydroagricoles en Afrique-sahélienne,
in: Cahiers Géographiques de Rouen, 1976, No. 6, S. 77-95

Sehr guter Aufsatz zu den Problemen der Bewässerung im Sahel. Diskutiert zunächst die Rolle der Bewässerung gegenüber dem traditionellen Regenfeldbau, hebt geringe Erfahrung der Sahel-Bevölkerung mit „regulierender Bewässerung" hervor. Geht außerdem Fragen der Dimension, Organisation und Ziele der Vorhaben nach. Beschreibt traditionelle Systeme (u.a. „Überflutungsbewässerung") und bezieht auch ökologische und soziale Folgen der Bewässerung in seine Betrachtung mit ein.

4.2 Politische und sozio-ökonomische Rahmenbedingungen und Folgen der Bewässerung im Sahel

20. **Conac, Gerard / Savonnet-Guyot, Claudette/ Conac, Francoise 1985**
Les Politiques de l'eau en Afrique.
Développement agricole et participation paysanne.
Paris, 767 S. (A)

Reader eines Kolloquiums an der Pariser Sorbonne (Oktober 1983), organisiert vom „Centre d'études juridiques et politiques du Monde Africain". Beiträge von mehr als 50 Politikern und Wissenschaftlern zu den Themen „Bewässerungspolitik und Agrarentwicklung" und „Partizipation der Wassernutzer". Dazu viele Fallbeispiele, u.a. aus Burkina Faso, Niger, Sénégal und Tschad. (Siehe (21), (28), (46), (48), (56)).

21. **Conac, Gérard et Francoise Conac 1985**
Le processus de décision politique dans les Etats d'Afrique: Exemple des politiques de l'eau
in: Conac et. al. (20), S. 15-34

Kommentiert Struktur politischer Entscheidungsprozesse im Bewässerungssektor in Afrika. Betont Widerspruch zwischen scheinbarer Simplizität der Mechanismen und der tatsächlichen Komplexität des Entscheidungsprozesses (u.a. zwischen Projektalternativen). Vor allem im Bewässerungssektor hoher Einfluß der Präsidenten (Großbewässerungsvorhaben als Prestigeprojekte), kompetente Stellen werden häufig nicht einbezogen. Regierungen scheuen sich aus „prinzipiellen Gründen", einen Wassertarif zu erheben, was auf Projektebene die Übernahme der Kosten der Instandhaltung durch die Bauern verhindert.
Politische Instabilität, wechselnde Agrarpolitiken und Prestigeprojekte erschweren Kontinuität bei der Projektdurchführung.
Darüberhinaus torpedieren externe Einflüsse kohärente Agrarpolitik. Projektentscheidungen sind Ergebnisse eines „bargaining" Prozesses: hoher Einfluß der ausländischen Finanziers und lokaler Interessengruppen resultiert in der Durchführung von Großvorhaben, die nationale Budgets überfordern.

22. **Funel, Jean Marie / Guy Laucoin 1981**
Développement en zones arides.
Politiques d'aménagement hydro-agricole.
Paris, 212 S. (A, D, O)

Fundierteste Studie der Bewässerung im Sahel. Untersucht Produktion, Besitzstrukturen und Management. Bezieht sich dabei auf verschiedene Projektbeispiele, vorwiegend aus Mali und Niger.
Beschreibt traditionelle Besitzverteilung und Arbeitsorganisation und ihre Modifikation durch Bewässerungsvorhaben in Mali (Zone Lacustre), Mauretanien (Gorgol) und Niger (Ibohamane). Probleme durch ungenügende Berücksichtigung zugrundeliegender Machtstrukturen.
Diskutiert Managementstrukturen von Projekten in Niger und Mali (Office du Niger). Zentralistische Organisationsformen lassen keine wirkliche Partizipation der Bauern zu.
Bemängelt fehlende sozio-ökonomische „Ex-post" - Evaluierungen. Entwickelt abschließend eine Methodologie zur Projektevaluierung unter besonderer Berücksichtigung von Organisationsfragen.

23. **OMVS 1980**
    Socio-economic Study of the Senegal River Basin
    Dakar (A)
Umfangreiche Studie der OMVS. Enthält:
1. Übersicht über alle verfügbaren sozio-ökonomischen Daten zum Senegaltal
2. Qualitative Analyse der Bewässerungsversuche in den 70er Jahren
3. Quantitative Studie der Erträge

24. **Bonnefond, Philippe et.al. 1980**
    Etude d'unités de production de paysans pratiquant la culture irriguée dans le cadre de la SAED
    Richard-Toll-Dakar-Paris, 62 S. 2 Appendizes (O)

Untersucht exemplarisch ausgewählte Gruppen von Produzenten im Einflußbereich der SAED, Senegal; insbesondere: Bereitstellung von Inputs (Material und Information) und Ziele der Bauern. Studie konstatiert eine (unerwartet) breite Palette angewendeter Kulturtechniken in den Bewässerungsvorhaben. Vorschläge aus den Versuchsstationen werden von den Bauern nicht übernommen. Untersuchte Produktionseinheiten variieren darüberhinaus sehr stark hinsichtlich
1. Größe der Familie und Parzelle,
2. Bedeutung traditioneller Kulturen,
3. eingesetzter Arbeitszeit und
4. Produktion.
Einführung neuer Produktionweisen muß von Fall zu Fall an bestehende Parameter angepaßt werden.

25. **Fieloux, Michele 1980**
    Summary of „A socioeconomic study of a Toucouleur Village, Bow"
    Paper Presented for the workshop on Sahelian Agriculture. Department of Agricultural Economics, Purdue University, Purdue. (A)

Berichtet von einer 18monatigen sozio-ökonomischen Studie, durchgeführt in einer Dorfgemeinschaft der „Toucouleur", Bow, im mittleren Senegaltal, in der Nähe von Matam. Ziel war es, die durch die Einführung kleiner Bewässerungsprojekte hervorgerufenen Veränderungen zu studieren.
Traditioneller Landbesitz orientierte sich am sozialen Status. Beschreibt soziale Veränderungen: „The equal sized plots in the village perimeter were distributed by drawing lots. So people as far apart in the social hierarchy as a captive, who usually did not have access to good land ... and a noble, a large land owner, were placed next to each other, and with plots of equal size".

26. **Berthomé, Jacques 1986**
    Périmètres irrigués villageois et reproduction sociale dans la moyenne vallée du Sénégal
    Montpellier (Beitrag zu DSA/CIRAD (6))   (D)

Autor berichtet über eine Studie der sozio-ökonomischen Folgen durch PIVs im mittleren Senegaltal. Vier Dorfgemeinschaften wurden befragt. Bewässerung führte zu sozialen Umstrukturierungen und einer „demokratischeren" Verteilung der Böden. Traditionell dominante Familien haben (dennoch) Schlüsselstellung behalten.

27. **Jamin, J.Y. / J.F. Tourand 1986**
Evolution de l'agriculture et de l'évelage dans une zone de grands aménagements, le delta du fleuve Sénégal, 34 S.
Montpellier (Beitrag zu DSA/CIRAD (6)) (D)

Beschreiben Veränderungen der Lebensbedingungen der ethnischen Gruppen am Senegalfluß, hervorgerufen durch:
1. Einführung der Bewässerung,
2. Dürreperioden und
3. neu gegründete agro-industrielle Komplexe.
Bewässerungslandwirtschaft inzwischen bedeutendste Aktivität der „Wolof". Die „Peul" und die „Mauren" (ehemals Nomaden) haben ihre Tätigkeiten diversifiziert: „Peul" verbinden Bewässerungslandwirtschaft und Viehzucht.
Regenfeldbau immer schwieriger, „Waalo-Kulturen" sind praktisch verschwunden, Viehzucht auf überfluteten Gebieten zurückgegangen. Unter diesen Bedingungen erfolgte Integration des Reisanbaus, oftmals sogar als vorrangige Aktivität.

28. **Mathieu, Paul 1985**
Agriculture irriguée, réforme foncière, participation paysanne: le cas de la zone du lac de Guiers dans la vallée du fleuve Sénégal
in: Conac et.al. (20), S. 589-608 (A)

Aufsatz über Auswirkungen der Installation von Bewässerungsvorhaben auf soziale Strukturen und Landverteilung (régime foncier) am Senegalfluß. Flurbereinigung wurde von „Conseils Ruraux" (Vertreter werden von Dorfgemeinschaften gewählt) durchgeführt.
Großvorhaben wurden auf den produktiven und ursprünglich durch Überflutung kultivierten Flächen installiert. Grundbesitzer leisteten heftigen Widerstand, der durch bevorzugte Behandlung bei Neuzuteilung der Böden ausgeräumt wurde.
In den Kleinvorhaben (PIVs) förderte Zuteilung (eine Parzelle für jede am Bau beteiligte Familie) „Individualisierung" und „Gerechtigkeit" beim Zugang zum Grundbesitz. Bauern reagieren positiv, dennoch „il est douteux que ces modèles d'éxploitation très participatifs soient généralisables et efficients du point de vue de la rentabilité et de la contribution à l'autosuffisance alimentaire nationale".

29. **Seck, Sidy Mohamed 1981**
Irrigation et Aménagement de l'espace dans la moyenne vallée du Sénégal.
Participation Paysanne et Problèmes de Développement
Saint-Etienne, Diss. (D)

Untersucht Wasserressourcen im „moyenne vallée", traditionelle Bodenrechte, Stellenwert der Emigration und seiner sozio-ökonomischen Konsequenzen. Kapitel zu Perspektiven der PIVs (inkl. Organisations- und Managementprobleme) am Beispiel der Region Podor.

30. **Santoir, Christian 1983**
Raison pastorale et politique de développement, Les Peuls sénégalais face aux aménagements
Paris, ORSTOM, 185 S. (O)

Untersucht „Sedentarisation" der Nomaden in der Region Diolof (Sénégal) und Auswirkungen der Großbewässerungsprojekte der SAED auf die Gesellschaft der „Peul". Santoir bezweifelt Vereinbarkeit der Lebensgewohnheiten der Peul mit den Erfordernissen der modernen Bewässerungslandwirtschaft.

31. **Ministère de la Coopération 1983**
Aspects socio-économiques de la riziculture en Basse et Moyenne Casamance.
Paris, 247 S. Appendizes (C)

Evaluierung der Bewässerungsvorhaben im niederen und mittleren Casamance-Tal. Untersucht die technischen, sozialen und ökologischen Bedingungen des Reisanbaus; anschließend Entwicklungsbemühungen verschiedener Institutionen und Projekte (SOMIVAC, PRS, PIDAC, MAC).
Behandelt Emigration ins Ausland (vorwiegend in „Moyenne Casamance"). Geldsendungen emigrierter Afrikaner repräsentieren zwischen 10 und 15 % der gesamten bäuerlichen „Einkünfte".

32. **Seck, S.M. 1986**
Des grands périmètres aux périmètres intermédiaires:
prise en compte des aspects sociaux dans les aménagements hydro-agricoles: les cas de Boghé et N'Dombo-Thiago dans la vallée du Sénégal (Beitrag zu DSA/CIRAD (6)) (D)

Berichtet von einer 1978 durchgeführten soziologischen Studie der sozio-ökonischen Strukturen im Pilotprojekt „Boghé" (ca. 1000 ha) in Mauretanien. Studie enthält Informationen über Besitzverteilung, traditionelle Kulturtechniken und lokale Machtverhältnisse.
Die mauretanische SONADER entwickelte auf der Basis dieser Studie das Konzept der Bewässerung in der Region. Sozialen Faktoren wird besondere Bedeu-

tung beigemessen. Kompromiß zwischen Bauern und Staat ermöglichte Bereitstellung der Anbauflächen. Neuverteilung und Bedingungen der Bewirtschaftung werden vom Staat unter (ausdrücklicher) Berücksichtigung traditioneller Landrechte vorgenommen.
Berichtet außerdem von Konflikten bei der Aufteilung der Bewässerungsflächen im Projekt N'Dombo-Thiago.

33. **Macrae, I. et.al. 1983**
    Evaluation Economique de l'Opération Riz-Mopti (Evaluation du Ministère des Relations Extérieures-Coopération et Développement)
    Paris, Appendizes (C)

Ökonomische Evaluierung des Projektes „Riz-Mopti" in Mali. Projekt wurde 1972 mit Unterstützung der Weltbank begonnen. Ziel ist Kontrolle der natürlichen Überflutung der Flüsse Niger und Bani in der Region Mopti zur Steigerung der Reisproduktion. Gesamtfläche des Projekts beträgt 38000 Hektar, wovon gegenwärtig 29000 Hektar bewirtschaftet werden, Erträge nicht zufriedenstellend. Untersucht „systèmes de production". Flurbereinigung hat bestehende Disparitäten verschärft. Kaufleute, Staatsbeamte und bisher landlose Bauern erhalten Zugang zu Landbesitz. Entstehung einer „neuen" Kategorie „indirekter" Produzenten, Reisbauern, deren vorrangige Aktivitäten außerhalb der Landwirtschaft stattfinden. Neuerdings Trend zur Landkonzentration, Teil der Bauern wird auf „schlechtere" Böden vertrieben, mit dem Resultat, daß sie den Reisanbau einstellen; betont Zusammenhang zwischen „problèmes fonciers" und niedrigen Erträgen.

34. **Bellot-Couderc, Béatrice et Bellot, Jean-Marc 1978**
    Pour un aménagement du cours moyen de la Volta Noire et la vallée du Souron,
    in: Cahiers d'Outre Mer, vol. 31, no. 123, S. 271-286

Berichtet von sozialen Konflikten in zwei kleinen Kolonisationsprojekten (Guiedougou und Bougouriba) der AVV in Burkina Faso nach Fertigstellung eines Staudamms im Souron-Fluß. Ansiedlung der Mossi im Projektgebiet gegen Widerstände der dort lebenden Bevölkerung.
„Mossi" stellen heute 12 % der Bevölkerung. Erwähnt außerdem Probleme bei der Integration der traditionell betriebenen Viehzucht und der Bewässerungslandwirtschaft.

35. **Baris, Pierre et.al. 1983**
    Aménagement des Vallées des Voltas.
    (Evaluations du Ministère des Relations Extérieures — Coopération et Développement)
    Paris, 220 S. (C)

Evaluierung des AVV in Burkina Faso. AVV organisiert seit 1978 Neubesiedlung der Volta-Täler, bislang unterbevölkert, durch Migranten aus der Hochebene „Mossi". Beurteilt Landerschließung und Einführung intensiver Bewässerung positiv. Kritisiert die in Anbetracht der hohen Kosten niedrigen Erträge. Ökonomische Evaluierung und Analyse der Produktionseinheiten stehen im Vordergrund. Organisations- und Managementfragen werden nur am Rande gestreift.

4.3 Management und Organisation

36. République Française/Ministère de la Coopération 1977
    Manuel de gestion de périmètres irrigués
    Paris, 272 S. (C)

Umfangreiches Handbuch zum Management großer, staatlicher Bewässerungsvorhaben. Berücksichtigt „water-management", „financial management", Organisation der Bauern, Management der Ausrüstungen. Im Anhang Fallbeispiele: SAED im Senegal, Riz-Mopti in Mali und SOMMALAC in Kamerun.

37. CEFIGRE 1985
    Gestion des périmètres irrigués dans les pays d'Afrique non-meditarranéens
    Madagaskar (G)

Beiträge zu einem Seminar (21.10.-15.11.85) in Madagaskar. Band 1 enthält 25 Beiträge zum Management von Bewässerungsvorhaben (mit Fallbeispielen). Themen u.a.: „La gestion de l'eau et l'entretien des ouvrages" (Scet International), „Tarification des eaux dans les projets d'irrigation" (G. Manuellan), „Les limites de l'encadrement" (P. Guihard), „La mise en place des structures de gestion et d'encadrement après réhabilitation d'un périmètre irrigué" (H. Bourrat).

38. Bailhache, M.R. et.al. 1982
    Evaluation économique de l'aménagement de la rive gauche du Fleuve Sénégal
    (Evaluation du Ministère des Relations Extérieures-Coopération et Développement et de la Caisse Centrale de Coopération Economique)
    Rapport General
    Paris, 199 S. (C)

Evaluiert Bewässerungsvorhaben der SAED am Senegal. Von besonderem Interesse ist ein Kapitel zur Struktur der SAED: Institutionelle und finanzielle Stärkung der SAED hat dem 1980 begonnenen „désengagement" mit dem Ziel der Übertragung von Managementfunktionen an die Bauern (Wasserverteilung und Wahl der Anbaukulturen in den Großprojekten bzw. Bereitstellung von Inputs in allen Vorhaben) entgegengewirkt.

Bericht untersucht Funktionen der SAED, Schwerfälligkeit und Geschlossenheit des Apparats haben bis 1982 alle Ansätze zum „désengagement" unterbunden.

39. Amselle, Jean Loup et.al. 1985
Evaluation de l'Office du Niger (Mali)
(Evaluation du Ministère des Relations Extérieures-Coopération et Développement)
Paris, 213 S. Appendizes

Evaluiert 1932 gegründetes Kolonisationsprojekt, Staudamm Markala im Niger, sah Nutzbarmachung von 510000 Hektar Baumwoll und 450000 Hektar Reisland vor.
Ökonomische und finanzielle Evaluierung, schlechte Resultate wegen Unterfinanzierung des Reisanbaus, auch wegen Nichtberücksichtigung der Logik der Bauern; bei ihnen hatte Wunsch nach „autoalimentation" Vorrang vor monetären Erwägungen.
Annex I: Analyse der seit 1982 betriebenen Reorganisierung der Projektbehörde. Kritisiert Aufblähung des personellen Apparats und Ineffizienz der Verwaltung. Hat dazu geführt, daß die holländische EH Funktionen im Managementbereich wahrnehmen mußte: Reparaturen, Instandhaltung, Schulung (d. Mitarbeiter) u.a. Trotz dieser Defizite behält ON weiterhin formale Kontrolle über alle Funktionen; übertragung von Managementaufgaben an Bauern erfolgte nur halbherzig und implizierte nicht die im Reorganisierungsplan vorgesehene Abgabe der Entscheidungsgewalt. Gegenwärtig sichern die Bauern weder die Instandhaltung des Kanalnetzes (2. und 3. Ordnung), noch die Wasserverteilung, müssen Anbaupläne der Behörde befolgen und gesamte Ernte abliefern.

40. D A C 1986
Étude des structures et du Fonctionnement de L'OMVS
(Organisation pour la mise en valeur du fleuve Sénégal)
Washington/Dakar, 102 S. Appendizes (A)

Untersucht 1. Organisationsstruktur, 2. „Gestion Budgétaire" der OMVS. OMVS-Mitglieder (Sénégal, Mali, Mauretanien) leisten nicht den vereinbarten finanziellen Beitrag. Plädiert für interne Reorganisation (Stärkung der Kontrollinstanzen).

41. Schreyger, Emil 1984
L'Office du Niger au Mali.
La problématique d'une grande entreprise agricole dans la zone du Sahel.
Wiesbaden, Steiner, 394 S. Appendizes

Untersuchung zur Geschichte der ON. Berücksichtigt auch institutionelle Aspekte.

42. **Miller, Duncan 1979**
Self-Help and popular participation in rural water systems.
Paris (OECD) (A)
Stellt verschiedene Konzepte zur „Partizipation" und „Selbsthilfe" vor. Teil 2 behandelt 2 Fallstudien aus Mexiko und Senegal (Matam), Teil 3 die Ergebnisse einer Evaluierung von Bewässerungssystemen in sieben afrikanischen Ländern.

43. **Belloncle, Guy 1985**
Participation Paysanne et Aménagements hydro-agricoles.
Paris, (Karthala), 340 S. Appendizes (A, D, O)

Erläutert einen vom Autor selbst entwickelten Leitfaden zu Managementfragen in Bewässerungsvorhaben in der Muttersprache der Bauern, sieht „crash literary training" der Bauern vor, Verträge werden in die Muttersprache der Bauern übersetzt. Ausführliche Anwendungsbeispiele aus Mali, Niger, dem Senegal, der Elfenbeinküste und Kamerun.
U.a.: „La participation des 'colons' à l'Office du Niger" (Kap. 1). „Une gestion des périmètres maîtrisable par les paysans" (SAED). „Une méthode d'alphabétisation pour les aménagements du fleuve Niger". Ebenfalls ein Kapitel zur „institutionellen Rehabilitierung" in Niger (Vorschläge zur Organisation der Bauern und Kooperativen, die Managementaufgaben in der Bewässerung wahrnehmen). Kapitel enthalten im Anhang Kopien der verwendeten Dokumente/Vertragstexte.
Mali, Senegal, Niger (Siehe auch Belloncle 1985 (74))

44. **Barrier, C., et.al. 1984**
(CCCE)
Evaluation rétrospective de l'opération périmètres irrigués villageois dans le département de Matam au Sénégal
Paris, ca. 220 S. (CCCE)

Beschreibt Kosten, Konzeptionen und Produktion der PIV's in Matam. Kritisiert individuelle Parzellen als zu klein und produktiv nicht ausgelastet. Preispolitik hat Strategien der „autosuffisance" und nicht der Rentabilität gefördert.
Beschreibt in separatem Kapitel organisatorische Probleme und Transformationen; Übergabe von Managementfunktionen an private Unternehmen und die Schulung der Bauernvertreter (responsables de groupement) sind noch im Gange, z.T. problematisch.
Erwarten höhere Rentabilität nur bei Änderung der „stratégies paysannes", die nur erfolgt, wenn die Verantwortung für das gesamte Projekt von den Bauern selbst getragen wird.

45. **Fresson, Sylviane 1978**
Public Participation on village level.
Irrigation perimeters in the Matam region of Senegal
Paris, 61 S. Appendizes (A)

Untersucht kleine Reisbewässerungsvorhaben der Matam-Region im Senegal. Faßt zunächst ökonomische Ergebnisse zusammen, beschreibt dann Partizipation der Bauern (bei Betrieb und Instandhaltung) und benennt abschließend die notwendigen Voraussetzungen für die Beteiligung der Bauern.
Trotz niedriger Kosten waren die Erträge gut. Bauern auf allen Stufen der Projektdurchführung beteiligt: Wahl des Projektstandorts, der Produktionsweise, Organisation der Produzentengruppen, Kreditverteilung und Instandhaltung. Arbeiten von den Bauern selbst ausgeführt, Kosten trugen Produzenten. Bei der Zusammensetzung der Produktionseinheiten wurde auf ethnische Homogenität geachtet.

46. **Weigel, Jean-Yves 1985**
Irrigation et participation paysanne dans la région de Bakel (Vallée du Sénégal)
in: Conac (20), S. 615-620

Berichtet von einer Feldforschung in der Region Bakel (pays soninké sénégalais), Kleinprojekte (ca. 20 ha), Motorpumpenbewässerung, ursprünglich Anbau der von SAED bestimmten Kulturen.
Dann neue Aufgabenverteilung nach Vertrag zwischen SAED (zuständig für technischen Beitrag) und Bauernvertretung (entscheidet über Arbeitsorganisation und Anbaukulturen), Anerkennung des Kollektivbodens.
Neue Bewässerungsorganisation baut auf traditionellen Strukturen auf, dennoch leichte Veränderungen hin zu egalitärem Prinzip durchgesetzt. Resultat: höhere Ernteerträge, Bauern tragen allerdings weiterhin nur einen Bruchteil der Kosten für Betrieb und Instandhaltung.

47. **Diemer, Geert / Ellen C.W. van der Laan 1983**
Using indigenous skills and institutions in small-scale Irrigation.
An example from Senegal.
Overseas Development Institute (ODI) Network Paper 8b
London, 8 S. (A)

Kurzer Aufsatz über Anpassung der Managementprinzipien von Kleinbewässerungsvorhaben an örtliche Machtstrukturen. „The rapid spread of the small schemes is related to a number of factors. One of them consists of the management capabilities inherent in the village societies ... way which authority is excercised on the schemes is modelled on the village power structure". U.a. werden leitende Funktionäre im Projekt durch den gleichen Wahlmodus bestimmt wie der „village chief".

48. **Cissé, Amadou A. 1985**
Développement agricole et participation paysanne. Politiques d'aménagements hydro-agricoles au Niger, in:
Conac (20), S. 499-517

Nennt Richtlinien der nigrischen Bewässerungspolitik seit Beginn der 70er Jahre, Mechanismen der staatlichen Intervention (u.a. über staatliche Entwicklungsgesellschaft „Societé de Développement").
Bauern wird über ein Kooperativensystem umfangreiches Mitspracherecht eingeräumt, auch Beteiligung an Organisation und Management vorgesehen: u.a. bei Aufstellung der Anbaupläne, Bereitstellung von Inputs, Instandhaltung der Kanäle, Festlegung der Wassergebühren (zum großen Teil noch nicht erreicht). Das Selbstverwaltungsprinzip der Kooperativen wird erläutert (Fallbeispiel: Toula). Abschließend politische und juristische Bedingungen der Selbstverwaltung.

49. **Dachraoui, A. 1985**
    Les coopératives avec utilisation de materiel agricole (CUMA).
    Expérience de la vallée du fleuve Sénégal.
    (Beitrag zum Cefigre-Sem. (37))
    Madagaskar, 10 S. (G)

Behandelt organisatorische Probleme der SAED, die 1. in den Großvorhaben von mehreren tausend Hektar (Dagana, Nianga) ihre eigenen Managementkapazitäten überschätzt und 2. in den kleineren Projekten von einigen Dutzend Hektar die Parzellengröße pro Familie so niedrig angesetzt hat, daß sich die Bauern gezwungen sehen, zusätzlich auf andere Beschäftigungen (u.a. auch trad. Kulturen) auszuweichen. Lösungsversuche durch 1. innerorganisatorische Veränderungen in der SAED und 2. Suche nach alternativen Organisationsformen (z.B. CUMA). Beschreibt Struktur und Aufgabenbereiche der in Zusammenarbeit mit FAO/OMVS gegründeten Kooperativen (CUMA), nennt Fallbeispiele, „résultats économiques et sociaux excellents".

50. **Bourrat, M. 1986**
    Les modèles d'équipement et de dévelopement des aménagements hydro-agricoles et les changements de comportement des agriculteurs.
    (Beitrag zu DSA/CIRAD (6))
    Montpellier

Plädiert für eine dem jeweiligen Projekt angepaßte Vorgehensweise beim Transfer der administrativen Aufgaben an die Bauernvertretungen, „...chaque contexte socio-économique doivent faire l'objet d'un traitement spécifique". Stützt sich auf Belloncle (43).

51. **Marty, André 1986**
    La Cessation du projet et le transfert de gestion.
    Rapport de Mission: Avril-May 1986
    Paris (CCCE)

Behandelt Übernahme der „gestion" durch die Bauern im Pilotprojekt Bagre in Burkina Faso.

Projekt Bagre: 83 Hektar bewässertes Land, 250 Hektar Regenfeldbau, 92 Familien.
Seit 5 Jahren sichern die Mitglieder einer „Communauté" Instandhaltung der Infrastruktur.
Übergabe erfolgt an zwei Bauernorganisationen:
1. Zusammenschluß der Bauern (groupement des irrigants)
2. Kooperative des Pilotprojekts.
„Groupement des irrigants" übernimmt Wasserverteilung und Instandhaltung der Infrastruktur. Die Kooperative soll zunächst 5 Funktionen erfüllen: 1. Kommerzialisierung des Paddy, 2. Bereitstellung der Inputs, 3. zahlbare Dienstleistungen, 4. Schulung und 5. Unterstützung in Fragen der Produktion.
Systematische und regelmäßige Kontrolle der „gestion" durch „Comité de gestion" und Regierungsvertreter.

52. **Bourrat, M. 1985**
La mise en place des structures de gestion et d'encadrement après rehabilitation d'un périmètre irrigué (Beitrag zu CEFIGRE (37)).
Madagaskar

Nennt die Gründe für den frühzeitigen Verfall der Bewässerungsinfrastruktur und die Notwendigkeit der Rehabilitierung. Plädiert für Managementpolitik in „weiterem" Sinn: „L' organisation des structures administratives et professionnelles ne doit pas découler des choix techniques qui ont pu être opérés par le concepteur, mais les différents paramètres du projet doivent être définis en fonction de l'analyse complète du milieu (degré d'organisation sociale, volonté gouvernementale de s'impliquer dans la gestion, ...), le projet se définissant par: une partie technique, une organisation des agriculteurs, un organisme Etatique de Gestion".

53. **Gadelle, F. 1986**
Intensification rizicole, sécurisation foncière et organisation paysanne à l'Office du Niger.
L' Aproche du Projet Retail.
(Beitrag zu DSA/CIRAD (6))
Montpellier
Rehabilitierungsprogramm: Bewässerungsnetz und Drainagen, Instandhaltung der Infrastruktur durch private Unternehmen. Liberalisierung der Vermarktung, „sécurisation foncière", höherer Wassertarif etc. Finanziers: Holland, Weltbank, CCCE.
Reisanbau, Parzellen verkleinert (1,5 ha), 2 Ernten auf 20-25 % der Flächen. Association Villageoise übernimmt bisher noch keine Managementfunktionen.

54. **Jouve, Philippe et Jean Yves Jamin 1986**
Rapport de mission au projet 'Retail' pour la définition d'un programme de recherche-développement.
Montpellier, 33 S. Appendizes (D)

Bericht über das Pilotprojekt 'Retail' (3000 ha) der Office du Niger. Beschreibt Maßnahmen zur Intensivierung der Produktion, Managementstrukturen und die Reorganisation der bewässerten Flächen. Verkleinerung der Parzellen von 3 ha auf 1,5 ha ermöglichte Verdreifachung der Produktion.

55. **World Bank 1985**
Rural Water Supply and Sanitation.
Possibilities for collaboration with non-governmental organisations. Part One: Africa. Operational Policy Staff Paper. Water Supply and Urban Development Department.
Washington D.C., 12 S. (F/LW)

Beurteilt Rolle der NGOs bei Identifizierung, Planung und Durchführung von Kleinbewässerungsvorhaben positiv. Stärke der NGOs durch ihre engen Kontakte zur Dorfbevölkerung begründet. NGOs tendieren dazu, Projekte in eine integrierte Dorfentwicklungsplanung einzubeziehen. Aufgrund begrenzt zur Verfügung stehender Mittel haben NGOs in der Vergangenheit mehrfach neue kostengünstige Technologien entwickelt, wobei sie örtlich verfügbare Materialien verwendeten.

56. **Conac, Francoise 1985**
Irrigation et participation paysanne: l'exemple d'une ONG Sénégalaise, in: Conac (20), S. 621-634

Caritas Senegal unterstützt Bewässerung von Gemüsegärten durch Brunnen. Bau, Instandhaltung und Wartung in den Händen der Bauern, in Übereinstimmung mit lokalen Autoritäten, ca. 30 Perimeter, insgesamt ca. 230 ha, im Departement M'bour, im Südosten von Dakar. Erfolg mit wenig Kapitaleinsatz, angepaßter Technologie, „facteur humain".

57. **Baker, Kathleen M. 1982**
Structural Change and Managerial Inefficiency in the Development of Rice Cultivation in the Senegal River Region
in: African Affairs, vol. 81, no. 325, Oktober, S. 499-511 (A)

Berichtet über Reisprojekte der SAED im Delta und mittleren Tal des Senegal. Negative Ergebnisse, Reisimporte notwendig. Gründe: Probleme bei Organisation und Management
1. Großvorhaben: SAED trifft alle Entscheidungen. Probleme der SAED: „overstaffing", Unpünktlichkeit bei der Lieferung der Inputs an Bauern, maintenance-Probleme.
2. Kleinvorhaben: „farmer participation", Ansätze von Erfolg, ähnliche Probleme wie bei Großvorhaben.
3. „Groups of Small Perimeters" (kombiniert 1. und 2.): werden derzeit von SAED installiert. Größere Vorhaben werden in Gruppen von kleineren aufgeteilt.

Baker: „...none of these structural changes really tackles the basic problems: a lack of managerial efficiency, and, as a direct result of this, too little participation in the schemes by local farmers".

58. **Moris, Jon R. 1984**
    Managing Irrigation in Isolated Environments
    A case study of Action Blé-Diré, Mali
    in Blackie, M.J., African Regional Symposium on Small Holder Irrigation, University of Zimbabwe, Harare, S. 245-256 (A)

Fallstudie des Projekts 'Action Blé-Diré', Mali. Gründe für niedrige Erträge beim Weizenanbau: fehlendes Verständnis für die Bedeutung der Wartung der Anlagen/Infrastruktur, fehlende Ersatzteile, eingeschränkter Zugang zum Ersatzteilmarkt.

4.4 Umweltauswirkungen der Bewässerung

59. **OMVS 1980**
    Assessment of environmental effects of proposed developments in the Senegal river basin. (Consultants: Gannet, Fleming, Corddry and Carpenter Inc./Orgatec, Société Africaine d'Etudes Techniques)
    Dakar, 2 Bde: I. Synthesis (195 S.), II. Plan of Action (156 S.) (A)

USAID-finanzierte Studie der ökologischen und sozio-ökonomischen Auswirkungen der geplanten OMVS-Maßnahmen im Senegaltal (v.a. Staudämme Diama, Manantali). Einzelberichte zu 1. physikalischen Veränderungen, 2. Umsiedlungsmaßnahmen, 3. gesundheitlichen Folgen, 4. sozio-ökonomischen Folgewirkungen, 5. Wasserqualität und Luftverschmutzung, 6. Veränderungen im Pflanzen- und Tierleben und 7. Landnutzung.
Sieht Gefahr der Versalzung im Einflußbereich des Diama Damms; nach Inbetriebnahme des Manantali-Dammes werden 5000 Hektar „Culture de décrue" verlorengehen. Manantali begünstigt Ausbreitung der Bilharziose. „Plan of Action" enthält Vorschläge für Gegenmaßnahmen.

60. **Lubin, Samuel 1977**
    Environmental Impact of the Senegal River Basin Project
    in: Kidma, Israel Journal of Development, No. 11/1977, Vol. 3, P. 36-39

Behandelt methodische Fragen der OMVS-Studie.

61. **Fachon, Jean 1981**
    Some other costs of development
    in: Ceres, No. 83, Vol. 14, Sept./October, S. 33-38

Aufsatz über Umweltauswirkungen der Staudammbauten in Ägypten (Assuan), im Sudan (Gezira) und im Sahel (Diama, Manantali). Im Senegaltal Folgen durch Ausbleiben der Schwebstoffe für traditionelle Überflutungsbewässerung. Diskutiert auch Umsiedlungsmaßnahmen und Probleme durch „Identitätsverlust" der Bauern.

4.5 „Small-Scale" — Technologien

62. **Fabre, Pierre / Papazian, Vatché 1985**
Evaluations des énergies solaires au Mali
Paris, 99 S. Appendizes (C)

Untersuchung zu den Einsatzmöglichkeiten der Solarpumpen in Mali, berücksichtigt sozio-ökonomische Rahmenbedingungen. Trotz im Vergleich zur „Dieselpumpe" niedrigeren Betriebskosten ist Einsatz aufgrund der hohen Kosten im Sahel nicht zu erwarten. Positive Bewertung der technischen Durchführbarkeit. Voraussetzung wäre: Beteiligung der Wassernutzer an den Anschaffungskosten; dies nur möglich bei intensiver Bewässerung „à haut rendement monétaire", gegenwärtig in den „Zielgruppen" (vor allem PIVs) nicht realisierbar.

63. **ITD / GRET 1985**
Dossier Technologies et Développement
Les énergies de pompage. Approvisionnement en eau et énergies renouvelables.
Paris, 271 S. (G)

Beschreibt Pumpensysteme und eingesetzte Energie („solaire", „éolienne", „humaine" etc.). Berücksichtigt technische, ökonomische, soziologische und politische Gesichtspunkte. Fallbeispiele aus mehreren Ländern (u.a. Mali).

64. **Royer, Ralph A. 1984**
The Dallou Irrigation System.
in: USAID 1984 (11), Appendix C

Royer beschreibt das „Dallou" -Bewässerungssystem, eine Technik, die in Nordafrika, im Yemen, im Tschad und in Niger angewendet wird. Auf der Basis von Tierkraft (vorwiegend Ochsen) wird Wasser aus einem 2 — 12 m tiefen Ziehbrunnen in kleine Gärten geleitet. „A relative simple means for an individual to practise intensive gardening, allowing production both for family needs and for sale." „Dallou" erfordert nur ein Minimum an Investitionen. Eine Zementierung des Ziehbrunnens könnte den frühzeitigen Verfall der Anlage aufhalten und eine kontinuierliche Produktion ermöglichen. Royer nennt weitere Verbesserungsmöglichkeiten.

65. **Gadelle, F. 1986**
    Les aménagements de submersion controllée au Mali
    (Beitrag zu DSA/CIRAD (6))
    Montpellier

Beschreibt Technik der „kontrollierten Überflutung" (submersion controllée) und diskutiert Möglichkeiten ihrer Verbesserung und weiteren Verbreitung in Mali. (Office du Niger: gegenwärtig 20000 Hektar „submersion controllée", kann auf 30000 Hektar ausgeweitet werden.)
Vorteile der „submersion controllée": geringe Kosten, leicht erlernbar, rationeller Wasserverbrauch, einfache Konstruktion, Wartung und Instandhaltung problemlos.
Nachteile: nur für Reis und Sorghum geeignet, relativ niedrige Erträge.

66. **Berton, Sylvain 1986**
    Ouvrages de stockage et maîtrise des crues dans l'aménagement des bas fonds d'Afrique de l'Ouest
    Paris (GRET), 96 S. (G)

Studie zur Technik und Verbreitung der „bas fonds" -Bewässerung in Westafrika. Beschreibt im einzelnen folgende Formen:
„petits barrages en terre", „petits barrages en gabions", „petits barrages en maçonnerie de moellons", „micro-barrages digues déversantes", „digues filtrantes".
Enthält Überlegungen zum weiteren Einsatz und möglichen Zielgruppen.

67. **Lancelot, Yves 1983**
    L' exemple du Ruwana au Niger
    in: Actual Développement, No. 56-56, Sept./Dec., P. 59

Beschreibt neue „small-scale" — Pumpentechnik für Brunnen in der Region Maradi.

68. **Boubee, D. 1986**
    Les petits périmètres irrigués villageois à l' aval des forages
    (Beitrag zu DSA/CIRAD (6))
    Montpellier

Berichtet über positive Ergebnisse aus Pilotprojekten im Senegal; Einsatz von Brunnen zur Bewässerung in PIVs; Bauern hatten vorher keine Erfahrung mit Bewässerung. Erste Ergebnisse aus 12 Ortschaften ergeben Hinweise auf Wirtschaftlichkeit.

5. Nicht-annotierte Bibliographie

5.1 Sahel allgemein (bzw. mehrere Sahelländer)

69. Adams, Adrian 1985
    La terre et les gens du Fleuve
    Paris (Harmattan), 243 S. (O)

70. Afrique Agriculture 1978
    „Irrigation: méthodes nouvelles et perspectives."
    No. 33 (April), pp. 60-83. (A)

71. Afrique Agriculture 1980
    „Sahel: cultures irriguées."
    No. 59, (July), pp. 44-57 (A)

72. Badouin, Robert 1985
    Politique agricole et politique de l'eau en Afrique,
    in: Conac et.al. (20), S. 35-39

73. Belloncle, Guy 1985
    Paysanneries Sahéliennes en péril:
    carnets de route (1978-1981)
    Paris (Harmattan), 245 S. (O)

74. Belloncle, Guy 1985
    Des systèmes de gestion simplifiés élaborés dans les langues maternelles des paysans, comme préalables absolus à toute participation des populations à la gestion des aménagements hydro-agricoles
    in: Conac et.al. (20), S. 95-100

75. de Benoist, Joseph Roger 1987
    OMVS,
    in: Marchés Tropicaux et méditerranéens,
    No. 2158, 20.3.87, S. 677-688
    beschreibt OMVS-Projekte Diama und Manantali

76. Bolton, P. / Pearce, G.R. 1984
    Report on African Regional Symposium on Small Holder Irrigation, September 1984, University of Zimbabwe
    Wallingford, 23 S., (F)

77. **Brondolo, John D. 1985**
    Irrigated Agriculture in the Sahel: the Donor Experience
    (A Review of 15 Irrigation Projects),
    Cambridge, Mass.
    (Harvard Univ. for AID, Office of the Sahel and West Africa) (F/LW)

78. **Centre Interafricain d'Etudes Hydrauliques (CIEH) 1984**
    Elaboration d'un dossier-type d'Hydraulique Villageoise
    (Rapport Provisiore)
    Lyon / Dakar (G)

79. **Chleq, Jean Louis et Hugues Dupriez 1984**
    Métiers de l'eau du Sahel:
    eau et terres en fuite
    Dakar/Paris/Nivelles, 127 S.

80. **CIEH / CEFIGRE 1979**
    Seminaire international d'experts consacré à la politique de l'eau pour l'agriculture et l'élevage en zones arides et semi-arides, Niamey 12.-17.2.79
    Niamey

81. **CIEH/IIMI 1986**
    Atelier Regional pour des propositions d'actions de L'IIMI en Afrique de l'Ouest
    Ouagadougou, 7.-8. Fev. 1986 Compte Rendu
    Ouagadougou (B)

82. **CIRAD/IRAT — CIEH 1986**
    Proposition d'une action coordonnée pour la mise en valeur agricole des bas-fonds
    Burkina Faso, Mali, Niger, Sénégal
    Montpellier, Ouagadougou (wenige Seiten) (I)

83. **Club du Sahel 1983**
    Le développement de l'hydraulique villageoise dans le Sahel
    Bilan et perspectives
    Paris, 104 S., (C)

84. **Crouzet, Etienne 1983**
    Les barrages africains
    in: Afrique Contemporaine, No. 128.22 (1983), S. 23-40

85. **Cruz, J.F. et Cheze, B. 1979**
    Etude de groupes motopompes pour l'irrigation.
    Rapport de Mission, Antony; CEEMAT, 92 p. (B)

86. **Desjeux, D. 1985**
    L'eau
    Quels enjeux pour les sociétés rurales
    Amérique Centrale, Afrique, France, Moyen-Orient
    Paris, (Harmattan) 220 S. (0)

87. **des Bouvries, C. 1975**
    Perspective Study for Agricultural Development in the Countries of the Sahel Zone: Irrigation Development in Mali, Niger and Upper Volta.
    Accra, Ghana; FAO Regional Office for Africa,

88. **Ecole Polytechnique de Thiès et AUPELF 1983**
    Colloque International: Barrages en terres et développement des zones rurales en Afrique. Ecole Polytechnique de Thiès et AUPELF — Thiès, Sénégal, 11-16 avril 1983
    Thiès, Sénégal

89. **Ediafric 1980**
    Le Dossier Sahel (Tome 2)
    L'irrigation et l'autosuffisance alimentaire à l'horizon 2000
    Paris

90. **Ediafric 1980**
    Le Dossier Sahel (Tome 3)
    Situation et Perspectives des cultures irriguées et des aménagements hydro-agricoles dans le cadre des 2 premiers programmes de génération (1977-85)
    Paris

91. **FAO 1975**
    Rapport du Seminaire FAO/DANIDA sur le développement des petits aménagements hydro-agricoles en Afrique de l'Ouest, vol. 2, Rapport Technique.
    Rom; (B)

92. **FAO 1985**
    Niger-Mali petits périmètres irriguées à partir des eaux souterraines FAO/IC Working Paper
    Rom, (F/IC)

93. **Fell, A.M. 1983**
    An overview of irrigation strategy and results in the Sahel in: Aid for the Development of Irrigation, DAC-Workshop on Irr. Assistance,
    Paris, France, 29.-30. Sept. 1982, S. 108-123

94. **Funel, Jean-Marie 1978**
    Les systèmes ruraux sahéliens. Contribution et annexe à „Essai de définition d'une stratégie anti-sécheresse dans le Sahel de l'Afrique de l'Ouest".
    Rapport général 1975 SCET-International
    Paris; SEDES, 439 p.(C)

95. **Funel, Jean-Marie et Guy Laucoin 1981**
    Développement en zones arides; Politiques d'aménagement hydroagricole.
    Paris; Agence de Coopération Culturelle et Technique, 212 p. (A)

96. **Funel, Lemelle et Acheriaux 1980**
    Analyse économique d'une opération d'aménagement hydro-agricole.
    Paris; Ministère de la Coopération, 126 p. (B, C)

97. **Gadelle, Francois 1986**
    Irrigation au Sahel: Une voie pour l'autosuffisance
    in: Génie Rural, (Avril) S. 35-38

98. **Giri, Jacques 1983**
    Le Sahel demain.
    Catastrophe ou renaissance?
    Paris (Karthala), 322 pp.

99. **Grégoire, Robert 1982**
    The experience of the european community
    in: Carruthers, Aid for the Development of Irrigation,
    Paris (C)

100. **Heyer, Judith 1981**
     Rural Development in Tropical Africa
     London (Basingstoke)

101. **Humphreys, Charles P. / Scott R. Pearson 1979/80**
     Choice of technique in Sahelian rice production
     in: Food Research Institute Studies, Stantard University,
     Vol. XVII, No. 3, S. 235-277

102. **Lateef, Noel V.; Reisman, Michael 1980**
     Crisis in the Sahel: A Case study in Development Cooperation
     Boulder/Colorado

103. **Legoupil, J.C. 1985**
     Research and development towards an improvement in the conception and management of hydro-agricultural projects
     Montpellier (I)

104. **Legoupil, J.C. et B. Lidon o.J.**
 Pour une nouvelle approche des aménagements hydro-agricoles
 in: Europe Outremer, No. 643-644, S. 29-31

105. **Les grands aménagement hydro-agricoles**
 in: Marchés Tropicaux et méditerranéens,
 No. 2152, (6. Fev)

106. **Maton, Guy 1985**
 La politique française de l'eau en Afrique
 in: Conac et.al. (20), S. 40-45

107. **Maton, Guy, Bernin, Marie-Françoise; Sirculon, Jacques; Lancelot, Yves; Bouchi-Lamontagne, Michel; Pointet, Thierry; Brasset, Claire; Jaujay, Michel 1983**
 L' eau
 in: Actuel Developpement
 Paris, Nr. 56/57 (Sept-Dez.), S. 48-70

108. **Mayer, J. 1979**
 „Un grand programme de périmètres d'irrigation villageoise en Afrique Sahélienne." in: ORSTOM 1979, Maîtrise de l'espace agraire et développement en Afrique Tropicale. Logique paysanne et rationalité technique. Actes du Colloque de Ouagadougou 4-8 decembre 1978.
 (Mémoires de l'ORSTOM no. 89)
 Paris; ORSTOM, (0)

109. **Mensching, Horst 1984**
 Das ökologische Potential der Sahelzone und die Grenzen seiner Belastbarkeit
 in: Entwicklung und ländlicher Raum, Frankfurt/M., 18 (1984) 6, S. 6-9

110. **OECD 1985**
 Gestion des projets d'aménagement des eaux
 Prise de décision et évaluation des investissements.
 Paris (C)

111. **ORSTOM 1979**
 Matrise de l'espace agraire et développement en Afrique tropicale. Logique paysanne et rationalité technique.
 Actes du Colloque de Ouagadougou, 4.-8. décembre 1978.
 Memoires ORSTOM No. 89, Paris

112. **Pearson, Scott R. et.al. 1981**
Rice in West Africa. Policy and Economics
Stanford, 482 S.

113. **Purdue University 1980**
Workshop on Sahelian Agriculture,
Lafayette, Ind.

114. **Purdue University 1978**
The costs and benefits from small and medium sized irrigated perimeters in the Sahelian countries.
West Laffayette, USA: Purdue University, Agricultral Ec.Dep.,
African Program

115. **Reyna, Stephen P. (Ed.) 1980**
Sahelian Social Development
Abidjan (Redso/USAID)

116. **Satec 1975**
Irrigation par pompage au Sahel.
Les périmètres villageois.
Compte rendu de la scéance de travail du 10 avril 1975
(PIVs im Senegal und Tschad)
Paris (C)

117. **Sedagri 1971**
Aspects socio-économiques des aménagements hydro-agricoles.
Paris; (Secrétariat d'Etat aux Affaires Etrangères) (B)

118. **Serres, H. 1980**
Politiques d'Hydraulique
Pastorale
Paris

119. **Sheridan, David 1985**
L'irrigation: Promesses et dangers. L'eau contre la faim?
Paris, 249 S. (0)

120. **Silsoe College 1985**
Small — Scale Irrigation in Sub Sahara Africa, Options Paper
Rom (F/IC)

121. **Tiffin, M. 1985**
Land tenure issues in irrigation planning design and management in sub-saharan Africa.
ODI Working Paper 16,
London

122. **Trouve-Bessat, Collette 1981**
 Sahel: l'irrigation, oui: mais pour qui?, in:
 Croissance des Jeunes Nations, no. 226 (March), pp. 27-29. (C)

123. **Underhill, H.W. 1984**
 Small — Scale Irrigation in Africa in the context of rural development
 Land and Water Development Division, FAO
 Rom (F/IC)

124. **United Nations 1983**
 Experiences in the development and management of international river and lake basins. Proceedings of the United Nations international meeting of international river organisations, Dakar, Sénégal, 5.-14. May 1981,
 New York

125. **Verhoog, Frédérick 1985**
 L'UNESCO et les politiques de l'eau en Afrique
 in: Conac et.al. (20), S. 46-50
 Paris

126. **Walker, B.H. (Ed.) 1979**
 Management of Semi-Arid Ecosystems
 Amsterdam

127. **Walling, D.E. / Foster, S.S.D. /
 Wurzel, P. (Eds.) 1984**
 Challenges in African Hydrology and Water Resources
 (Proceedings of the Marave Symposium, July)
 Wallingford (U.K.)

128. **World Bank 1985**
 Rural Water Supply and Sanitation.
 Possibilities for collabaration with non-governmental organisations
 Part one: Africa
 Washington (F)

129. **o.A. 1986**
 Irrigation: des solutions nouvelles.
 Le choix des petits périmètres
 in: Marchés Tropicaux et Méditerranéens,
 Nr. 2103 (28. Feb. 1986), S. 481-487

130. o.A. 1986
    Dossier Irrigation.
    Irrigation: Tirer profit des échecs
    in: Afrique Expansion, No. 17, Juin-Juillet, S. 62-74

131. o.A. 1985
    Les projets du programme. FAO de relèvement de l'agriculture en Afrique
    in: Afrique Agriculture, No. 120, Août 1985, S. 21-23

132. o.A. 1987
    OMVS
    in: Marchés Tropicaux et méditerranéens,
    (vendredi 20 Mars), No. 2158

133. Zoltry, Alain 1987
    Agriculture et Développement Rural.
    Le riz amer des grands périmètres,
    in: Marchés Tropicaux, (2. janvier), S. 13

5.2 Burkina Faso

135. Bellot − Couderc, B. 1976
    L'aménagement des vallées des Voltas et l'exemple de Kaibo.
    Grenoble

136. Beyrard, N. 1977
    „L'aménagement des vallées des Voltas."
    Afrique-Agriculture, no. 25 (Sept.), pp. 32-41

137. Chavancy, Felix (et.al.) 1976
    Bilan et diagnostic des actions entreprises au titre de l'Aménagement des Vallées des Voltas (1971-1976).
    Paris; Ministère de la Cooperation; Ouagadougou; Ministère du Développement Rural (Autorité des Aménagements des Vallées des Voltas), 38 p. & annexes.

138. Chevalier P., Claude J., Pouyand B., Bernard A. 1985
    Pluies et crues au Sahel. Hydrologie de la Mare d'Oursi.
    Burkina Faso 1976-81
    ORSTOM, (Trav.et.Doc. no. 190),
    Paris, 251 p.   (D)

139. CILSS 1979
    Développement des cultures irrigués en Haute Volta
    Paris (C)

140. **Coulibaly, Yacouba 1985**
    Développement agricole et participation paysanne.
    Le cas de Bougouriba (Burkina).
    in: Conac et.al. (20) S. 270-280

141. **Jérôme, Marie 1986**
    A propos de quelques aménagements hydrauliques au Burkina Faso,
    in: Etudes sahéliennes 1986,
    (cahiers géographiques de Rouen (No. special), pp. 97-106

142. **Kafando, W.T. 1975**
    Le projet de colonisation des vallées des Voltas (réunion sur le mouvements de population et les systèmes d'éducation dans les pays Sahélo-Soudaniens).
    Dakar, Senegal

143. **Marchal, J.-Y. 1976**
    Un périmètre agricole en Haute-Volta: Guiedougou, Vallée de Souron,
    Cahiers ORSTOM, Série Sciences Humaines, no. 1,
    Paris

144. **Peter, Jean E. 1976**
    „La situation et les perspectives d'aménagement des Vallées des Voltas", in:
    Afrique Agriculture, no. 14 (Oct.), pp. 48-51.

145. **Reynand, Edgar 1984**
    Paternalisme international et/ou développement agro-pastoral autonome
    in: Revue Tiers-Monde, Paris, No. 100.25 (Okt-Dez.84), S. 761-772

146. **Savonnet, Georges 1985**
    Le refus paysan au Burkina
    in: Conac et.al. (20), S. 255-269

147. **Sawadogo, P. et.al. 1975**
    Enquête socio-économique par entretien non-dirigé avec les exploitants dans parcelles de Tiabolo (PO).
    Ouagadougou, B.F., AVV

5.3 Mauretanien

148. **CILSS 1979**
    Développement des cultures irriguées en Mauretanie
    Paris (C)

149. **Festinger, Georges 1977**
La mise en valeur du casier pilote de Kaedi; situation sociologique de référence; la mise en oeuvre du changement et les perspectives d'évolution sociologique.
Paris; IRAM

150. **République Islamique de Mauritanie 1981**
Irrigated Agriculture (RAMS project — rural assessment and manpower surveys).
Ministry of Economy and Finance, 182 p. (A)

151. **Toupet, Charles 1983**
L'eau et l'espace au Sahel: l'exemple de la Mauritanie
in: Revue Géographique de Lyon, S. 277-285

5.4 Mali

152. **Charoy, J., F. Forest, and J.-C. LeGoupil 1978**
Evaluation fréquentielle des besoins d'irrigation pour l'optimisation d'un projet d'aménagement hydro-agricole
Paris; IRAT, (I)

153. **CILSS 1979**
Développement des cultures irrigués au Mali
Paris (C)

154. **Descloux, C/S. Bavarez 1986**
Etude prévisionelle de l'impact du périmètre irrigué paysannal transpaille sur l'économie de 6 exploitations agricoles
Montpellier (I)

155. **Descloux, Claire 1985**
Bilan de trois années de suivi des exploitations du périmètre irrigué de Lossa
Montpellier, 47 S. (D)

156. **Diallo, Ibrahima 1975**
Modernisation agricole et changements sociaux. Les conditions de vie des paysans des terres irriguées de l'Office du Niger, au Mali.
Bamako, 261 p.

157. **Fofana Ba Sayon 1978**
Les problèmes d'aménagements dans la Vallée du Fleuve
Niger (Mali), Rouen

158. **Gadelle, François 1986**
 Aménagement de la plaine Forgho au Mali.
 (Beitrag zu DSA/CIRAD (6)).
 Montpellier

159. **Gallais, Jean 1967**
 Le Delta Intérieur du Niger — Etude de géographie régionale
 Dakar; IFAN, 2 vols., (Bibl.)

160. **Guggenheim, Hans et Rosalie Fanale. 1976**
 Shared Technology; a Project for Water Storage and Irrigation in Dogon Villages.
 Dakar (ENDA) and London (IAI), 16 p. (C)

161. **Guillaume, M. 1960**
 Les aménagements hydro-agricoles de riz culture et de culture de décrue dans la vallée du Niger
 in: L'Agronomie Tropicale (Extraits des nos. 1, 2, 3 et 4),
 Janv.-Août 1960, 143 S.

162. **Jouve, Philippe/ Jean Yves Jamin 1986**
 Rapport de mission au projet Retail pour la définition d'un programme recherche-développement
 Montpellier, 33 S., Appendizes (D)

163. **Kohler, J-M. 1974**
 Les Mossi de Kolongotomo et la collectivisation à l'Office du Niger (notes sociologiques).
 ORSTOM (travaux et documents, No. 37),
 Paris, 64 S. (D)

164. **Oumar, Amadou 1984**
 Développement de l'irrigation en Mauritanie:
 Implications de l'intervention de la So.Na.De.R sur les systèmes de culture existents.
 Witzenhausen (Diplomarbeit)

165. **Siméon 1982**
 Etude de cas: Mali, projet zone lacustre.
 Montpellier; Institut d'Agronomie Méditerranéen, 17 p.

166. **Steingruber, Rolf 1986**
 Mali: Bau von Kleinstaudämmen im Dogonland
 in: GTZ-Info S. 31-33

5.5 Niger

167. **Bernus, Edmond 1974**
 Possibilités et limites de la politique d'hydraulique pastorale dans le Sahel nigérien,
 in: Cahiers Orstom, ser. Sci. Hum., vol XI, no. 2, S. 119-126 (O)

168. **Bourdel, Christian 1976**
 Essais d'évaluation des conséquences d'une opération d'irrigation en pays de la zone sahélienne sèche, exemple Ibohamane au Niger.
 Paris; Ecole Nationale du Génie Rural des Eaux et des Forêts, (A)

169. **Chaibou, Talabe 1986**
 Activities of the national irrigation authority (ONAMAA) and cooperatives' role in irrigated perimeters management in the Republic of Niger.
 Paper presented to the workshop on public intervention in farmer managed irrigation systems, Kathmandou, Nepal, August 4-6, IIMI
 Kathmandou, Nepal, 12 S. (G)

170. **CILSS 1979**
 Développement des cultures irriguées au Niger
 Paris (C)

171. **Club du Sahel/CILSS 1979**
 Development of Irrigated Agriculture in Niger:
 General Overview and Perspectives
 Paris (OECD) (A)

172. **Diarra, Marthe 1982**
 Aménagement hydro-agricole d'Ibohamane: Document 5.
 Contribution à l'analyse des effets de l'aménagement sur les femmes dans les domaines de l'artisanat, du commerce, de l'élevage, et des relations sociales Tahoua (Niger);
 Rom, Projet FAO Formation, Mimeo

173. **Eghbal, Afsane 1984**
 Evaluation de la petite hydraulique villageoise au Niger (Evaluation du Ministère des Relations Extérieures — Coopération et Développement)
 Paris   (C)

174. **Hassane, G.S. 1979**
 Irrigation et développement dans la Vallée du Niger; le cas des aménagements hydro-agricoles en amont de Niamey.
 Niamey; Université de Niamey, (Oct.), 175 p. (l)

175. **Laucoin, Guy 1971**
„L' animation des aménagements hydro-agricoles; vers l'autogestion des aménagements au Niger", in:
Développement et Civilisation, no. 44 (June), pp. 54-62.

176. **Laucoin, Guy 1973**
La gestion des aménagements hydro-agricoles au Niger.
Analyse et bilan d'un processus de participation provoquée
in: Développement et Civilisations, No. 51, 1973, S. 21-31
(untersucht Bewässerungspolitik in Niger nach 1967)

177. **Lombard, Pierre 1976**
„Les petits périmètres irrigués du Niger" in: Cahiers du Ceneca, Colloque Internationale, report no. 4222 (B)

178. **Mamadou, O. 1978**
Contribution à l'étude socio-économique sur les aménagements hydro-agricoles de Saga-Libore et N'Dounga.
Niamey; Institut de Recherches en Sciences Humaines

179. **Metzenthin, Thierry 1974**
Compte d'exploitation prévisionnel de l'aménagement hydro-agricole de Sona-Lossa (Niger). Organisation et gestion des aménagements du fleuve-Rapport de stage, Nogent sur Marne/CNEAT, bibl. (B).

180. **Ministère de la Coopération 1979**
Etude des charges récurrentes des aménagements hydro-agricoles au Niger, Analyse des principaux résultats économiques.
Paris; SEDES, 155 p.

181. **Raimondo, Pasquale 1978**
„L'aménagement hydro-agricole de Toula", in:
Le Courrier, no. 47 (Jan-Feb), pp. 83-4 (A)

182. **République du Niger 1971**
Commissariat Général au Développement, Etudes et Programmes Tahoua.
Analyse des transformations socio-économiques dues à l'aménagement hydro-agricole d'une région, Ibohamane.
Tahoua; Dec. (C)

183. **République du Niger 1982**
Office National des Aménagements Hydro-Agricoles (O.N.A.H.A.).
Projet de réhabilitation des aménagements hydro-agricoles au Niger-Périmètres de l'Ader Doutchi Maggia. 2 ème étape. Avant-projet sommaire et étude de préfactibilité.
Grenoble; SOGREAH/Paris; Louis Berger, 3 vol.

184. Toure, Oumarou 1978
    L'aménagement foncier et ses répercussions socio-économiques dans un arrondissement du Niger: le cas des aménagements hydro-agricoles de Tillaberi
    Paris (Ecole des Hautes Etudes en Sciences Sociales), 169 S.

185. Vachette, Philippe 1973
    Les transformations socio-économiques résultant d'un aménagement hydro-agricole dans un paysannat traditionnel; l'exemple d'Ibohamane au Niger.
    Paris; IEDES, 173 p.

5.6 Senegal

186. Adams, Adrian 1985
    La terre et les gens du Fleuve
    Paris (Harmattan), 243 S. (O)

187. Amin, Samir; Franco, Marc; Sow, Samba 1975
    La Planification du Sous-Développement: Critique de l'Analyse des Projets
    Paris: Editions Anthropos, 440 pp.

188. Barrier C. et.al. 1984
    Evaluation rétrospective de l'opération périmètres irriguées villageois dans le département de Matam au Sénégal (Synthèse)
    Paris, ca. 100 S. (CCCE)

189. Bonnefond, Philippe et Caneill J. 1981
    „Systèmes de culture irriguée et unités de production paysannes sur la rive gauche du Fleuve Sénégal", in:
    Etudes Scientifiques
    Paris

190. Bonnefond, Philippe 1982
    „L'introduction de la culture irriguée sur les rives sénégalaises du bassin du Fleuve Sénégal", in:
    Economie Rurale, no. 147-148

191. Boutillier, J.L., Cantielle P., Causse J., Laurent C. et Ndoye T. 1962
    La moyenne vallée du Sénégal. Etude socio-économique,
    Paris (PUF), 369 S.

192. **CILSS 1979**
Développement des cultures irriguées au Sénégal
Paris (C)

193. **Dachraoui, A. 1978**
Les périmètres villageois de la Vallée du Fleuve Sénégal.
Paris, St. Louis; FAO, 3 vols.

194. **Diagne P.S. 1975**
Aménagement et organisation socio-professionelle dans le Delta du Sénégal
in: Notes Africaines, No. 147, IFAN, Dakar, pp. 82-88.

195. **Diagne P.S. 1974**
Le Delta du Fleuve Sénégal. Problèmes de développement.
Paris (Diss.), 201 S.

196. **EG 1982**
Neuordnungsmaßnahmen im Senegaltal
in: Europainformation. Entwicklung. Brüssel (Sept)

197. **Enda 1987**
Enjeux de l'après barrage dans la vallée du Senegal
Paris

198. **FAO 1984**
Reflexion sur le développement hydro-agricole des grands bassins.
Le cas du fleuve Sénégal
Rom, 39 S. (FAO, LW)

199. **Framji, K.K.; Garg, B.C.; Luthra, S.D.L. 1983**
Senegal
in: Irrigation and Drainage in the world: A Global Review
Vol III., 1983: 1190-1213

200. **Goudiard, R. 1980**
Réflexions sur six années d'expérience d'une opération de petite hydraulique agricole.
Montpellier (mimeo), 250 p.

201. **Jamin, Jean Yves 1986**
La double culture du riz dans la vallée du fleuve Sénégal:
Mythe ou réalité?
(Beitrag zu DSA/CIRAD (6))
Montpellier

202. **Klemm, Walter 1983**
Manantali — Ein Staudamm für Westafrika.
Zehn Jahre nach der großen Dürrekatastrophe wird mit der Nutzbarmachung der Wasservorkommen im Senegalbecken am Südrand der Sahelzone begonnen.
in: E + Z. Entwicklung und Zusammenarbeit, Bonn, 24 (1983) 4., S. 9-11

203. **Mathieu, Paul 1985**
L'aménagement de la Vallée du fleuve Senegal: transformations institutionelles et objectifs couteux de l'autosuffisance alimentaire
in: Mondes en Développement, Nr. 52. 13, S. 649-666

204. **Min. de la Coop./CCCE/SAED 1977**
Les problèmes de formation la S.A.E.D.
Paris

205. **N'Diaye, M. 1980**
Etude des systèmes de production en cultures irriguées.
Richard Toll; ISRA, 16 p.

206. **Otterbein, Karl 1983**
Wasser für den Sahel. Ein Drei-Milliarden Mißverständnis
in: Palaver, München (1983) 1, S. 67-70

207. **République du Sénégal 1980**
Rapport annuel de synthèse des projets „périmètres irrigués villageois" 1979/80
Réflexions sur six années d'expérience d'une opération de petite hydraulique agricole.
Sénégal

208. **Schmitz, Jean 1980**
Sedentary Peulhs of the Senegal Valley. Paper Presented for the workshop on Sahelian agriculture, Purdue University
Purdue (A)

209. **Schmitz, Jean 1986**
Agriculture de décrue, unités territoriales et irrigation dans la vallée du Sénégal.
(Beitrag zu DSA/CIRAD (6))
Montpellier

210. **Taylor, Debbie et.al. 1981**
Pure and simple. Water and the Fight for Life,
in: New Internationalist, London, Nr. 103 (Sept 81), S. 7-28

211. **Weigel, J.-Y. 1980**
 Irrigation et système traditionnel de culture dans la région de Bakel (Vallée du Sénégal), ORSTOM,
 Paris

212. **Edward M. Weiler o.J.**
 Social Cost-Benefit Analysis of the Nianga Pilot Project, Senegal
 West Lafayette (Diss.)

213. **Weltbank 1985**
 Senegal: Irrigation Technical Assistance Project
 Washington DC

5.7 Tschad

214. **Bouquet, Christian 1985**
 La maîtrise de l'eau dans les wadi et polders du lac Tschad.
 Etude comparative et prospective,
 in: Conac et.al. (20), S. 668-675

215. **Maguant, Jean-Pierre 1985**
 Les réactions paysannes à un projet de développement rizicole au sud de N'Djamena,
 in: Conac et.al. (20), S. 676-696

216. **Ministère de la Coopération 1978**
 Note de présentation sur les polders de Bol au Tchad.
 Paris; 20 p. (C)

Anhang 1

Liste der besuchten Einrichtungen

I. Bibliotheken

(A) Antenne Documentation Sahel Development Center of the OECD.
94, rue Chardon Largache, 75016 **Paris**.
Tel. 4524-84-88. Metro Exelmans.
Öffnungszeiten: Di, Mi, Do 14 — 18 Uhr.
Françoise Beudot (Bibliothekarin)

Spezialisiert auf Literatur zu Maßnahmen gegen die Dürre im Sahel. Umfangreiche Literatur auch zu Bewässerungsfragen. Bestand vorwiegend aus den letzten zehn Jahren. Unbegrenzte Fotokopiermöglichkeiten, 1 Franc pro Kopie.

(B) Bureau pour le Développement de la Production Agricole (BDPA).
Centre de documentation. 27, rue Louis Vicat, 75738 **Paris** Cedex 15.
Tel. 4638-34-75. Métro Vanves-Malakoff. Öffnungszeiten: Mi, Do 14 — 18 Uhr; Fr 14 — 17 Uhr.

Führt die Bestände der BDPA und der Scet-International, zwei der wichtigsten im frankophonen Sahel engagierten Firmen. Unbegrenzte Fotokopiermöglichkeiten, 1.50 Francs pro Kopie.

(C) Ministère de la Coopération, Centre de Documentation.
1 bis, Ave. de Villars, 75007 **Paris**. Tel. 4555-95-44.
Métro St. Franois-Xavier. Öffnungszeiten: Mi, Do 9 — 12, 14 — 18 Uhr.

Bibliothek des französischen Ministeriums für wirtschaftliche Zusammenarbeit. Es ist angebracht, frühzeitig einzutreffen, da nur wenige Sitzmöglichkeiten vorhanden sind. Begrenzte Fotokopiermöglichkeiten.

(O) Centre de documentation et d'information pour le développement (CEDID), 213, rue la Fayette, 75010 **Paris**. Tel. 48.03.77.77. Metro Gare du Nord. Öffnungszeiten: Mo-Fr 9 — 13, 15 — 18 Uhr.

Bibliothek des Centre de la Recherche Scientifique et Technique Outre-Mer (**ORSTOM**). Arbeiten zur Humangeographie, sozio-ökonomische Literatur.

(G) Groupe de recherche et d'échanges technologiques (GRET).
Centre de documentation. 213, rue la Fayette, 75010 **Paris**.
Tel. 42.39.13.14. Öffnungszeiten: Mo-Fr 9 — 13, 15 — 18 Uhr.

Kleine Bibliothek. Führt vorwiegend Bestände zu technischen Fragen der Landwirtschaft in der Dritten Welt.

(D) Documentation Département Systèmes Agraires (CIRAD/DSA), B.P. 5035, 34032 **Montpellier** Cedex, Tel. 67.63.91.70.
Christine Duchamp (Bibliothekarin).

Bibliothek der Abteilung „Agrarsysteme" des „Centre de Coopération Internationale en Recherche Agronomique pour le Développement"
(CIRAD). Führt auch Literatur zu sozialen Aspekten der Bewässerung im Sahel. Begrenzte Fotokopiermöglichkeiten.

II. Öffentliche Institutionen, Ministerien, Institute

(MA) Ministère de l'Agriculture
Département Aménagements Hydro-Agricoles.
19, Ave. du Maine, 75732 **Paris**-Cedex 15.
(Centre de Documentation). Metro Bienvenue.

(CCCE) Caisse Centrale de Coopération Économique. Cité du Retiro.
35-37, rue Boissy-D'ánglais. 75379 **Paris**-Cedex 08.
Pendant zur deutschen KFW.

(I) Institut de recherches agronomiques tropicales et des cultures vivrires (IRAT). Division Economie et Valorisation de l'eau.
Bat. 7, Zolad-Miniparc, 34100 **Montpellier**.
(Documentation)

Bestände zu technischen und hydrologischen Fragen der Bewässerung. Kein öffentlicher Publikumsverkehr.

(F) Food and Agricultural Organisation of the United Nations (FAO).
(F/LW) Via delle Terme di Caracalla, **Rom**. Documentation Center.
(F/IC)

Lediglich die in der annotierten Bibliographie mit (F) gekennzeichneten Publikationen sind im Dokumentationszentrum der FAO erhältlich. Andernfalls handelt es sich um interne Dokumente der Abteilungen „Land and Water Development Division" (F/LW) und „Investment Centre" (F/IC).

Anhang 2:

Verzeichnis der verwendeten Abkürzungen

AVV	Aménagement des Vallées des Voltas, Burkina Faso
BRGM	Bureau de Recherches Géologiques et Minières, France
CCCE	Caisse Centrale de Coopération Économique, France
CEFIGRE	Centre de Formation Internationale à la Gestion des Ressources en Eau, France
CEMAGREF	Centre National du Machinisme Agricole, du Génie Rural, des Eaux et des Forêts, France
CIEH	Centre Inter-Africain d'Études Hydraulique, Bamako, Mali
CILSS	Comité Inter-Etats de Lutte contre la Sécheresse du Sahel, Ouagadougou
CIRAD	Centre de Coopération Internationale en Recherche pour le Développement
CMDT	Compagnie Malienne de Développement des Textiles, Mali
CUMA	Coopératives avec Utilisation de Materiel Agricole
DAC	Development Assistance Cooperation
DSA	Départment Systèmes Agraires
FAC	Fonds d'Aide et Coopération, Paris
FAO	Food and Agricultural Organization, Rom
GERSAR	Groupement d'Etudes et de Réalisations des Sociétés d'Aménagement Régional, France
GRET	Groupe de Recherche et d'Échanges Technologiques, France
IFAD	International Fund for Agricultural Development, Rom
ILRI	International Institute for Land Reclamation and Improvement, Wageningen, Niederlande

ITD	Institut Téchnologique Dello
NGO	Non-Governmental Organisation
OECD	Organization for Economic Cooperation and Development, Paris
OMVS	Organisation pour la Mise en Valeur du Fleuve Sénégal, Dakar, Senegal
ON	Office du Niger, Mali
ONAHA	Office National des Aménagements Hydro-Agricole, Niger
ORSTOM	Office de Recherche Scientifique et Technique d'outre Mer, Paris
PIV	Périmètre Irrigué Villageois
SAED	Societé d'Aménagement et d'Exploitation des Terres du Delta, Sénégal
SONADER	Societé Nationale pour le Développement Rurale, Mauretanien
UNDP	United Nations Development Programme
USAID	United States Agency for International Development

Autorenindex

Die Zahlen verweisen auf die fortlaufend nummerierten Titel in den Bibliographien (Kapitel 4 und 5).

Adams, A.   69
Amin, S.   187
Amselle, J.L.   39

Badouin, R.   72
Bailhache, M.R.   82
Baker, K.   57
Barrier, C.   44
Baris, P.   35
Bavarez, S.   154
Belloncle, G.   43, 73, 74
Bellot, J.M.   34
Bellot-Couderc, B.   34, 135
de Benoist, J.R.   75
Bernard, A.   138
Bernin, M.F.   107
Bernus, E.   167
Berthomé, J.   26
Berton, S.   66
Beyrard, N.   136
Bolton, P.   76
Bonnefond, Ph.   24, 189, 190
Boubee, D.   68
Bouchi-Lamontagne, M.   107
Bouquet, C.   214
Bourdel, C.   168
Bourrat, M.   50, 52
Boutilier, J.L.   191
Brasset, C.   107
BRGM   12
Brondolo, J.D.   77

Caneill, J.   189
Cantielle, P.   191
Causse, J.   191
CCCE   204
CEMAGREF   7
CEFIGRE   37, 80
Chaibou, T.   169

Charoy, J.   152
Chavancy, F.   137
Chevalier, P.   138
Cheze, B.   85
Chleq, J.L.   79
CIEH   7, 78, 80, 81, 82
CILSS   139, 148, 153, 170, 171, 192
CIRAD   6, 12, 82
Cissé, a.   48
Claude, J.   138
Club du Sahel   1, 14, 83, 171
CMDT   13

Conac, G.   20, 21
Conac, F.   20, 21, 56
Coulibaly, Y.   140
Crouzet, E.   84
Cruz, J.F.   85

DAC   40
Dachroui, A.   49, 193
Descloux, c.   154, 155
Desjeux, P.   86
Diagne, P.S.   194, 195
Diallo, I.   156
Diarra, M.   172
Diemer, G.   47
DSA   6
Dupriez, H.   79

Ecole Polytechnique de Thiès   88
Ediafric   89, 90
EG   196
Eghbal, A.   173
ENDA   197

Fabre, P   62
Fachon, J.   61
Fanale, R.   160

FAO   3, 4, 5, 9, 91, 92, 198
Fell, a.   93
Festinger, G.   149
Fieloux, M.   25
Fofana Ba Sayon   157
Foster, S.S.D.   127
Forest, F.   152
Framji, K.K.   199
Franco, M.   187
Fresson, S.   47
Funel, J.M.   22, 94, 95, 96

Gadelle, F.   53, 65, 97, 158
Gallais, J.   19, 159
Garg, B.C.   199
GERSAR   12, 16
Giri, J.   98
Goudiard, R.   200
Grégoire, R.   99
GRET   63
Guggenheim, H.   160
Guillaume, M.   161

Hassane, G.S.   174
Heyer, J.   100
Humphreys, Ch.P.   101

IIMI   81
ILRI   8
IRAT   82
ITD   63

Jamin, J.Y.   27, 54, 162, 201
Jaujay, M.   107
Jérôme, M.   141
Jouve, Ph.   54, 162

Kafando, W.T.   142
Klemm, W.   202
Kohler, J.M.   163

van der Laan, E.   47
Lancelot, Y.   67, 107
Lateef, N.   102
Laucoin, G.   22, 95, 175, 176

Laurent, C.   191
Legoupil, J.C.   103, 104, 152
Lidon, B.   104
Lombard, P.   177
Lubin, S.   60
Luthra, S.D.L.   199

Macrae, I.   33
Maguant, J.P.   215
Mamadou, O.   178
Marchal, J.Y.   143
Marty, A.   51
Mathieu, P.   28, 203
Maton, G.   106, 107
Mayer, J.   108
Mensching, H.   109
Metzenthin, Th.   179
Miller, D.   42
Min. de la Coopération
  31, 36, 180, 216, 204
Moris, J.R.   58

N'Diaye, M.   205

OECD   110
OMVS   23, 59
ORSTOM   111
Otterbein, K.   206
Oumar, A.   164

Papazian, V.   62
Pearce, G.R.   76
Pearson, S.R.   101, 112
Peter, J.E.   144
Pointet, Th.   107
Pouyand, B.   138
Purdue University   113, 114

Raimondo, P.   181
Raymond, M.   15
Reisman, M.   102
République du Mali   13
République du Niger   182, 183
République du Sénégal   207
République Française   36

République Islamique de Mauritanie
  150
Reyna, S.   115
Reynand, E.   145
Royer, R.   64

SAED   204
Santoir, C.   30
Satec   116
Savonnet, C.   20, 146
Sawadago, P.   147
Scet Agri   16
Schmitz, J.   208, 209
Schreyger, E.   41
Seck, S.M.   29, 32
Serres, H.   118
Sheridan, D.   119
Silsoe College   120
Sirculon, J.   107
Sow, S.   187
Steingruber, R.   166

Taylor, D.   210
Tiffin, M.   121
Toupet, Ch.   151
Tourand, J.F.   27
Toure, O.   184
Trouve-Bessat, C.   122

Underhill, H.W.   123
UNDP   17
United Nations   124
USAID   2, 10, 11, 18

Vachette, Ph.   185
Verhoog, F.   125

Walker, B.H.   126
Walling, D.E.   127
Weigel, J.Y.   46, 211
Weiler, E.   212
Weltbank   55, 128, 213
Wurzel, P.   127

Zoltry, A.   133

Deutsche Gesellschaft für Technische Zusammenarbeit (GTZ) GmbH
Dag-Hammarskjöld-Weg 1+2 · D 6236 Eschborn 1 · Telefon (06196) 79-0 · Telex 407 501-0 gtz d

Die GTZ ist ein bundeseigenes Unternehmen mit dem Aufgabengebiet „Technische Zusammenarbeit". In etwa 100 Ländern Afrikas, Asiens und Lateinamerikas realisieren ca. 4500 Experten zusammen mit einheimischen Partnern Projekte in nahezu allen Bereichen der Sektoren Land-und Forstwirtschaft, Wirtschaft und Sozialwesen sowie institutionelle und materielle Infrastruktur. – Auftraggeber der GTZ sind neben der deutschen Bundesregierung andere staatliche oder halbstaatliche Stellen.

GTZ-Leistungen u.a.:

– Prüfung, fachliche Planung, Steuerung und Überwachung von Maßnahmen (Projekten, Programmen) entsprechend den Aufträgen der Bundesregierung oder anderer Stellen,

– Beratung anderer Träger von Entwicklungsmaßnahmen,

– Erbringung von Personalleistungen (Suche, Auswahl, Vorbereitung, Entsendung von Fachkräften, persönliche Betreuung und fachliche Steuerung durch die Zentrale),

– Erbringung von Sachleistungen (technische Planung, Auswahl, Beschaffung und Bereitstellung von Sachausrüstung),

– Abwicklung finanzieller Verpflichtungen, gegenüber Partnern in Entwicklungsländern.

Die Reihe der **Sonderpublikationen der GTZ** umfaßt ca. 230 Titel. Ein ausführliches Verzeichnis kann bei der Stabsstelle 02 – Presse, Öffentlichkeitsarbeit – der GTZ angefordert werden oder bei der TZ-Verlagsgesellschaft mbH, Postfach 1164, D 6101 Roßdorf.